Über dieses Buch

Jeder, der zu meditieren versucht hat, kennt die Probleme: Die Gedanken wollen nicht schweigen; eine Flut von Vorstellungs- und Empfindungsbildern überschüttet unseren Geist: an Konzentration ist nicht zu denken, von der »inneren Stille« ist man meilenweit entfernt.

Und andererseits: Hat man einmal die Stille des Geistes erfahren, vielleicht wunderbare Erlebnisse gehabt, ist man nicht fähig, sie mit dem »gewöhnlichen« Leben, das unvermeidlich auf diese »gehobenen« Zustände folgt, in Verbindung zu bringen.

Wie kann man den Weg zu sich selbst finden, wie die vielen Klippen umschiffen, die sich auf dieser langen Reise ins Unbekannte in den Weg stellen?

Da ist es gut, jemanden fragen zu können, der den Weg schon gegangen ist; und Lama Trungpa gehört zu den Wenigen, die ihre Erfahrungen weitergeben können. Er spricht so einfach und direkt, daß jeder ihn verstehen kann. Seine Bilder und Gleichnisse entstammen der tibetischen Tradition – aber im Lesen spüren wir: Es sind wir, von denen er spricht, wir im Westen, denen er behutsam den Weg weist – ein liebevoller Lotse, der uns sicher in den Heimathafen bringt: einen jeden zu sich selbst.

Der Autor

Tschögyam Trungpa, 1939 in Tibet geboren, wurde im Alter von 13 Monaten als zehntes religiöses Oberhaupt und höchster Abt der Surmang-Klöster eingesetzt.

Aufgrund der politischen Ereignisse verließ er 1959 Tibet. Nach einem kurzen Aufenthalt in Indien ging er nach Schottland, um dort das erste tibetische Kloster, das Samyê-Ling-Zentrum, zu leiten. Heute lebt er in Amerika, wo er in Boulder, Colorado, das Naropa-Institute ins Leben rief.

Veröffentlichungen in deutscher Sprache: *Ich komme aus Tibet.* Olten 1970; *Spiritueller Materialismus.* Freiburg i. Br. 1975.

Tschögyam Trungpa

Aktive Meditation

Fischer Taschenbuch Verlag

Fischer Taschenbuch Verlag
Februar 1977
Ungekürzte Ausgabe
Umschlagentwurf: Jan Buchholz/Reni Hinsch
Titel der englischen Originalausgabe: ›Meditation in Action‹
Erschienen bei Stuart & Watkins, London
Aus dem Englischen von Ursula von Mangoldt
Fischer Taschenbuch Verlag GmbH, Frankfurt am Main
Lizenzausgabe mit freundlicher Genehmigung der Walter-Verlag AG, Olten

Gesamtherstellung: Hanseatische Druckanstalt GmbH, Hamburg
Printed in Germany
1837-380-ISBN-3-436-02441-4

Inhalt

Anmerkung des Herausgebers

Im Sommer 1967 wurde das Tibetische Samyê-Ling-Zentrum unter Führung des Ehrwürdigen Trungpa Rinpoche errichtet. Seither hat dieser eine Anzahl von Reden über verschiedene Aspekte der grundlegenden Lehren des Buddhismus gehalten, von denen einige auf Band aufgenommen wurden. Eine Auswahl dieser Reden ist nunmehr, überarbeitet, herausgegeben worden. Sie werden hier vorgelegt, in der Hoffnung, daß sie denjenigen Hilfe geben können, die sich für den Weg der Meditation interessieren.

Der Mensch, der die Gedanken ungestört beobachtet,
Braucht nicht zu schwätzen, nicht daher-
zuplappern,
Wird er in der Versenkung seiner selbst gewahr,
Muß er nicht leichnamgleich in starrem Sitz sich üben.
Wenn er das Wesen aller Formen kennt,
Vergehen ihm die weltlichen acht Wünsche.
Hat er nicht Wünsche mehr noch Haß in seinem Herzen,
Braucht er sich nicht zu brüsten, zu verstellen.
Des Bodhi-Geists erleuchtetes Erwachen,
Das ebenso Samsara wie Nirvana übersteigt,
*Wird nie erreicht durch Suchen und Verlangen.**

* Aus Milarepas Gesang an Dharma Bodhi aus Nepal

Leben und Beispiel Buddhas

Es ist ein klarer, heißer Sommertag. Die dicken Äste der Salbäume strahlen im Glanz ihrer Blüten, niedergedrückt von der Last der Früchte. Die Landschaft ist wild und felsig, voller Höhlen; die nächste Stadt ist mehr als hundert Meilen entfernt. In einigen der Höhlen leben Yogis mit langen, ungepflegten Haaren, nur mit einem dünnen weißen Leinenschurz bekleidet. Einige sitzen auf Hirschfellen und meditieren. Andere führen verschiedenartige Yogaübungen aus – wie das Meditieren inmitten eines Lagerfeuers, eine wohlbekannte Übung der Askese. Andere sagen Mantras oder heilige Gesänge auf.

Den Ort erfüllt eine Atmosphäre des Friedens, der Einsamkeit und Stille. Zugleich liegt etwas Erschreckendes über ihm, als hätte sich hier nichts verändert seit den Zeiten vor Erschaffung der Welt. Völlige Stille und Schweigen herrschen. Auch kein Gesang von Vögeln, kein Laut, kein Geräusch ist zu vernehmen. In der Nähe ist ein großer Fluß – er scheint mindestens sieben Meilen breit zu sein –, doch kein Fischer ist zu sehen. Am Ufer vollziehen Asketen das heilige Ritual der Reinigung. Sie meditieren oder baden im Fluß.

Dieser Schausplatz bot sich vor 2500 Jahren dar, an einem Ort, der Nairanjtre Nairanjana heißt und in der indischen Provinz Bihar liegt.

Ein Prinz, Siddhartha genannt, erscheint. Sein Auftreten ist voller Würde. Erst vor kurzem hat er seine Krone, seine Ohrringe und seine Prunkgewänder abgelegt. Er fühlt sich ein wenig entblößt. Gerade hat er sein Pferd und seinen letzten Begleiter fortgeschickt. Nun legt er ein reines weißes Leinengewand an. Er blickt sich um und versucht, den anderen Asketen nachzueifern. Denn er möchte ihrem Beispiel folgen. Er bittet um Anweisungen in der Übung der Meditation. Er sei ein Prinz, habe aber das Leben im Palast als sinnlos empfunden, nachdem er Geburt, Tod, Krankheit und Alter begegnet war. Ein Weiser, der die Straße entlanggging, sei ihm zum Vorbild geworden für den Lebensweg, dem er nun folgen wolle. Noch ist alles neu für ihn, noch kann er nicht fassen, daß dies alles sich tatsächlich ereignet hat. Er kann den Luxus und die Sinnesfreuden im Palast nicht vergessen, die noch in seinen Gedanken kreisen. Dies ist Prinz Siddhartha, der künftige Buddha.

Eher unwillig nahm er die Unterweisungen von seinem Guru auf. Dieser führte ihn in die asketische Praxis eines Rishi ein und lehrte ihn, mit gekreuzten Beinen zu sitzen, die sieben Stellungen des Yoga einzunehmen und Atemübungen auszuführen. Zuerst erschien ihm alles neu, fast wie ein Spiel. Es erfüllte ihn mit Freude, daß er seine weltlichen Besitztümer verlassen hatte, um diesem wunderbaren Lebensweg zu folgen. Doch die Erinnerung an Frau, Kind und Eltern war noch so stark, daß sie seine Yogaübung zuweilen gestört haben muß. Denn es gab anscheinend keine Möglichkeit, die Gedanken in Zucht zu halten, und die Yogis gaben ihm keinen anderen Rat, als Askese zu üben.

Dies war vor etwa 2500 Jahren Buddhas Erfahrung. Man könnte auch heute noch eine sehr ähnliche Landschaft vorfinden und fast die gleiche Erfahrung machen, wenn man sein Zuhaus verläßt und auf alle Bequemlichkeiten und allen Luxus verzichtet. Einige von uns könnten mit dem Flugzeug in nur wenigen Stunden diese Gegend erreichen. Ehe sie wüßten, wo sie sind, wären sie in Mittelindien gelandet. Andere, die mehr das Abenteuer suchen, würden mit Autostopp hinfahren. Dennoch hätte die Reise noch immer etwas Unwirkliches, Erregendes, und kein Augenblick wäre langweilig.

Endlich sind wir in Indien. Vielleicht ist es in mancher Beziehung enttäuschend. Man sieht eine Anzahl von modernsten Einrichtungen und trifft auf den Snobismus gebildeter Inder höherer Klasse, die noch immer die britische Gesellschaft nachahmen. Zuerst mag alles etwas verwirrend erscheinen. Aber irgendwie nimmt man es an und versucht, die Stadt so schnell wie möglich zu verlassen und die Wildnis zu suchen. (In diesem Fall kann es auch ein tibetisches Kloster oder ein indischer Ashram sein.)

Wir könnten dem angeführten Beispiel folgen und hätten vielleicht in mehr oder weniger starkem Maße dieselbe Erfahrung wie Prinz Siddhartha. Am meisten würde uns anfangs der asketische Aspekt dieses Lebens oder, besser gesagt, der Mangel an Luxus beschäftigen. Würden wir überhaupt in diesen ersten wenigen Tagen oder Monaten etwas lernen? Vielleicht etwas über die dortige Lebensweise. Oder sind wir eher erregt, weil wir noch niemals ein solches Land gesehen haben? Man versucht für alles eine Erklärung zu finden, und im mühsamen Bestreben, die Schranken der Kommunikation und Sprache niederzureißen, beginnt man häufig ein inneres Gespräch mit sich selbst. Man lebt noch sehr stark in der eigenen Welt.

Ebenso wie bei Buddha bleiben die Erregung und das Gefühl der Neuartigkeit eines solchen seltsamen Landes einige Monate lang bestehen. Vielleicht schreibt man Briefe nach Hause, *besessen*, berauscht von dem Land und begeistert von dem Ungewöhnlichen jeder Art.

Würde man nach wenigen Tagen oder Wochen zurückkehren, dann hätte man nicht viel erfahren. Man hätte nur ein anderes Land und eine andere Lebensweise kennengelernt.

Genau das gleiche wäre Buddha widerfahren, hätte er die Wildnis von Nairanjana verlassen und wäre er in sein Königreich nach Radschgir zurückgekehrt.

Buddha aber meditierte lange Zeit bei seinen Hindu-Lehrern und entdeckte, daß Askese und die bloße Zugehörigkeit zu einer religiösen Organisation keine besondere Hilfe sind. Noch immer hatte er keine Antwort bekommen. Vielleicht waren ihm schon einige Antworten gegeben und in gewissem Sinne die Fragen auch schon in seinem eigenen Denken beantwortet worden. Aber er sah fast nur das, was er sehen wollte, und sah die Dinge nicht so, wie sie waren.

Um dem geistigen Pfad zu folgen, muß man zuerst die anfängliche Erregung überwinden. Dies ist einer der wesentlichen Schritte. Ehe man die Aufregung nicht überwunden hat, ist man nicht imstande, etwas zu lernen. Denn jede Art gefühlsmäßiger Erregung verblendet. Man sieht das Leben nicht, wie es ist, weil man mit aller Kraft danach strebt, eine eigene Ansicht von ihm aufzubauen. Deshalb sollte man nie in eine religiöse oder politische Organisation eintreten oder sich dieser anpassen, ohne zuvor das wahre Wesen von dem entdeckt zu haben, was man sucht. Sich selbst abstempeln, einen asketischen Lebensweg einschlagen oder sein Gewand wechseln – nichts davon bringt wirkliche Verwandlung.

Nach mehreren Jahren faßte Buddha den Entschluß fortzugehen. Er hatte zwar eine Menge gelernt, aber die Zeit war gekommen, um sich von seinen Lehrern, den indischen Rishis, zu verabschieden und seinen eigenen Weg zu gehen. Nach langer Wanderung setzte er sich an einem Ort, der noch am Ufer des Nairanjana-Flusses lag, unter einem Feigenbaum (dem Bodhi-Baum) nieder. Viele Jahre blieb er dort. Er saß auf einem breiten Stein und nahm nur sehr wenig Nahrung zu sich. Nicht um strenge Askese zu üben, sondern um allein zu bleiben und die Dinge selbst zu ergründen anstatt dem Beispiel eines anderen zu folgen. Es hätte noch andere Arten gegeben, um zu den gleichen Schlußfolgerungen zu kommen, aber das ist nicht die Hauptsache. Das Wesentliche ist vielmehr, daß man alles zu Erlernende aus eigener Erfahrung und nicht aus Büchern, von Lehrern oder durch Anpassung an schon festgelegte Modelle aufnimmt. Dies erkannte Buddha, und in solcher Art des Denkens war er ein großer Revolutionär. Er leugnete sogar das Dasein von Brahma oder Gott, dem Schöpfer der Welt. Er hatte den festen Entschluß gefaßt, nichts anzunehmen, was er nicht zuvor selbst entdeckt hatte. Dies bedeutet nicht, daß er die große alte Tradition Indiens mißachtete. Er brachte ihr sogar tiefe Ehrfurcht entgegen. Seine Haltung war keine negative, anarchistische. Er war kein Revolutionär im zerstörerischen, sondern in einem wahren positiven Sinn. Auf schöpferische Weise wollte er ohne Hilfe anderer Eigenes aufbauen.

Der Buddhismus ist vielleicht die einzige Religion, die nicht auf der Offenbarung Gottes und nicht auf Glauben und frommer Hingabe an einen Gott oder an Götter irgendeiner Art gründet. Dies will nicht besagen, daß Buddha ein Atheist oder Häretiker war. Er hat überhaupt niemals theologische oder philosophische Lehren erörtert. Er ging unmittelbar auf den Kern einer Sache zu – auf die Erkenntnis der Wahrheit. Niemals vergeudete er Zeit durch zwecklose Spekulation.

Durch solche revolutionierende Haltung kann man viel lernen. Nimm zum Beispiel an, daß du an einem Tag das Mittagessen versäumst. Vielleicht bist du nicht hungrig, vielleicht war dein Frühstück ausgiebig. Der *Gedanke* aber, daß du kein Mittagessen hattest, beunruhigt dich. Innerhalb der Gesellschaft gibt es bestimmte Schablonen, die man bereit ist, fraglos anzunehmen. Sind wir wirklich hungrig, oder wollen wir nur eine bestimmte Mittagszeit einhalten? Dies ist ein sehr einfaches und direktes Beispiel. Aber es hat viel Ähnlichkeit mit der Frage nach dem Ich.

Buddha entdeckte, daß es nicht so etwas wie ein »Ich«, ein Ego, gibt. Vielleicht sollte man sagen: Es gibt nicht ein: »bin« – »ich bin«. Er erkannte, daß alle solchen Begriffe, Gedanken, Hoffnungen, Ängste, Gefühle, Schlußfolgerungen aus dem eigenen spekulativen Denken entstehen und aus der psychologischen Erbschaft von Eltern, Erziehern und anderen. Wir neigen dazu, dieses alles zusammenzuwerfen. Zum Teil weil wir in unseren Erziehungsmethoden nicht sehr beweglich sind. Man sagt uns, was wir denken sollen, weniger, wie wir uns selbst erforschen können. In diesem Sinn ist Askese als Erfahrung körperlicher Schmerzen keinesfalls ein wesentlicher Bestand des Buddhismus. Wichtig ist, über die Modelle der Denkbegriffe, die wir geprägt haben, hinauszugelangen. Dies bedeutet nicht, daß wir ein neues Modell erschaffen oder versuchen sollen, besonders unkonventionell zu sein und immer etwas Unübliches zu tun. Wir sollen nur nicht alles durcheinanderwerfen in unserer Art des Benehmens und in unserem Verhalten anderen gegenüber. Dies würde das Problem nicht lösen.

Die einzige Art der Lösung ist: das Problem eingehend prüfen. Dies fordert ein gewisses Verlangen – oder nicht einmal dies, sondern nur ein Gefühl, daß wir uns an etwas angleichen wollen. Man denkt nicht einmal darüber nach, man wird einfach hingeführt. Deshalb ist *Aufmerksamkeit* notwendig. Dann können wir uns jederzeit prüfen und über bloße Meinungen und sogenannte Folgerungen des gesunden Menschenverstandes hinausgehen. Man muß lernen, ein erfahrener Wissenschaftler zu werden und nichts ungeprüft anzunehmen. Alles muß durch das eigene Mikroskop betrachtet und eigene Folgerungen müssen auf eigene Weise gezogen werden. Wenn wir dies nicht tun, gibt es keinen Erlöser, keinen Guru, keine Segnungen und keine Führung, die auf irgendeine Weise hilfreich sein können.

Natürlich herrscht überall die gleiche Verlegenheit: Wenn es keine Hilfe gibt, sind wir dann gar nichts? Versuchen wir nicht, etwas Höheres zu erreichen? Was ist dieses Höhere – was ist zum Beispiel Buddhaschaft, was Erleuchtung? Ist das nichts oder ist es etwas? Ich fürchte, ich bin keine Autorität, die dies beantworten kann. Ich bin nur ein Wanderer wie jeder andere. Aus eigener Erfahrung – aber mein Wissen ist nach den Worten der Schrift »wie ein einziges Sandkörnchen im Ganges« – würde ich sagen, daß wir mit »höheren« Dingen unsere eigenen Gesichtspunkte, eine höhere Form unserer selbst meinen. Wenn wir von Gott sprechen, sind wir geneigt, in Vorstellungen unserer eigenen Gedankenwelt, nur vergrößert, in gewaltigem Ausmaß, zu denken, in einer Art Ausweitung unserer selbst. Wir erblicken uns gleichsam in einem Vergrößerungsglas. Aber noch immer denken wir in Begriffen der Dualität. Ich bin hier; Er ist dort. Und der einzige Weg zur Kommunikation ist der Versuch, Seine Hilfe zu erbitten.

Vielleicht haben wir zeitweilig Kontakt, aber auf diese Weise können wir niemals zu einer wirklichen Kommunikation gelangen. Wir können niemals Vereinigung mit Gott gewinnen, weil ein fixierter Begriff und ein schon im voraus gefaßtes Ergebnis vorliegen, die wir bereits angenommen haben. Wir versuchen nur, dieses große Sein in einen kleinen Behälter hineinzuzwängen. Man kann ein Kamel nicht durch ein Nadelöhr treiben. Deshalb müssen wir andere Möglichkeiten finden. Der einzige Weg ist die Rückkehr zu der ganz schlichten und einfachen Tatsache der Selbstprüfung. Es handelt sich nicht um den Versuch,

»religiös« oder freundlich zu seinem Nachbarn zu sein oder möglichst viel Geld für Wohltätigkeit auszugeben – wenn auch dies sein Gutes hat. Die Hauptsache ist, daß wir nicht alles blindlings annehmen und versuchen, es in ein passendes Schema einzuordnen. Wir sollen uns vielmehr bemühen, es zuerst aus dem Blickfeld unserer eigenen Erfahrung zu betrachten.

Dies führt uns zur Übung der Meditation, die sehr wichtig ist. Die Schwierigkeit hierbei ist, daß im allgemeinen Bücher, Lehren, Vorträge und anderes sich mehr damit beschäftigen zu beweisen, daß sie recht haben, als daß sie zeigen, *wie* etwas gemacht wird; das aber ist das Wesentliche. Wir sind nicht besonders daran interessiert, Lehren zu verbreiten, sondern daran, diese anzuwenden und ihre Wirkung zu erfahren. Die Welt bewegt sich so schnell, daß uns keine Zeit bleibt für *Beweise*. Alles, was wir lernen, müssen wir uns selbst verschaffen, zubereiten und sogleich verzehren. Die Hauptsache also ist, daß wir mit unseren eigenen Augen etwas betrachten und keine festgelegte Tradition annehmen, als besäße diese magische Kraft. Es gibt nichts Magisches, das uns einfach umwandeln könnte. Aber wir suchen, da wir mechanisch denken, immer etwas, das durch den Druck auf einen Knopf von allein funktioniert.

Abkürzungen haben einen großen Reiz, und wenn eine ernsthafte Methode einen schnellen Weg anbietet, würden wir diesem lieber folgen, als mühsame Reisen und schwierige Übungen zu unternehmen. Und hierin liegt die wahre Bedeutung der Askese. Sich selbst bestrafen, führt zu nichts; dennoch sind körperliche Arbeit und Anstrengung notwendig. Wenn wir zu Fuß gehen, kennen wir den Weg genau, während wir im Auto oder im Flugzeug kaum wirklich anwesend sind. Es erscheint uns alles wie ein Traum. In ähnlicher Weise müssen wir, um einen beständigen Fortschritt der Entwicklung zu erkennen, durch alles selbst hindurchgehen. Dies gehört zum Allernotwendigsten. Hierbei müssen wir uns zur Zucht anhalten. Sowohl bei der Meditationsübung wie auch im täglichen Leben sind wir leicht ungeduldig. Wenn man etwas anfängt, möchte man es ausprobieren und dann stehenlassen. Man hat nie Zeit, es auszukosten, richtig zu verarbeiten und die Nachwirkung zu betrachten. Natürlich muß man für sich selbst prüfen und herausfinden, ob etwas echt und nützlich ist. Aber ehe man es fortwirft, muß man ein wenig weitergehen, so daß man zumindest eine eigene Erfahrung von der vorbereitenden Stufe gewinnt. Dies ist unbedingt nötig.

Solches erkannte Buddha. Deshalb saß er an dem Ufer des Nairanjana mehrere Jahre in Meditation versunken und bewegte sich kaum vom Fleck. Er meditierte auf eigene Weise und entdeckte, daß die Rückkehr in die Welt die einzige Lösung war. Nachdem er den geistigen Zustand des Erwachtseins erfahren hatte, verstand er, daß ein asketisches Leben und Selbstkasteiung keine Hilfe sind. Er stand auf und ging fort, um Nahrung zu erbitten. Der erste Mensch, den er in der Nähe von Bodhgaya traf, war eine wohlhabende Frau, die viele Kühe besaß. Sie gab ihm gekochte Milch mit Honig. Er trank sie und fand sie köstlich. Auch stärkte sie seine Gesundheit und Energie, so daß seine Meditation große Fortschritte machte. Das gleiche geschah dem tibetischen Yogi Milarepa. Als er das erste Mal ausging und gekochte Milch bekam, gewann er neue Kraft und vermochte seine Meditation richtig auszuführen.

Buddha suchte sich nun einen bequemen Platz, da das Sitzen auf einem Stein zu hart und schmerzhaft war. Ein Bauer gab ihm ein Bündel Kusagras, das Buddha unter einen Baum in Bodhgaya streute. Dort ließ er sich nieder. Er hatte erkannt, daß der Versuch, etwas gewaltsam zu erreichen, nicht die Antwort war. Zum erstenmal bejahte er, daß nichts zu vollbringen war. Er gab jeden Funken von Ehrgeiz auf. Er hatte zu trinken, hatte einen Platz zum Sitzen und machte es sich so bequem wie möglich. In dieser Nacht erlangte er Sambodhi, den Zustand des vollkommenen Erwachtseins.

Aber dies genügte nicht. Er hatte noch nicht alles vollkommen besiegt. Seine verborgenen Ängste, Versuchungen und Begierden trafen ihn als letzter Schlag des Ichs in Gestalt von Mara, dem Bösen. Zuerst sandte Mara seine wunderschönen Töchter, um Buddha zu verführen. Aber ohne Erfolg. Dann kamen die wilden Scharen Maras als letzter Schachzug des Ichs. Buddha aber hatte schon den Zustand des Maitri, des liebenden Erbarmens, erlangt. Obgleich er nicht auf Mara mitleidig herabblickte – denn dieser war seine eigene Projektion –, hatte er doch den Zustand des Nicht-Widerstehens, den Zustand der Gewaltlosigkeit erreicht, in dem er sich mit Mara identifizierte. Es steht in den Schriften, daß jeder Pfeil Maras zu einem Blumenregen wurde, der auf Buddha herabfiel. Auf diese Weise unterwarf sich endlich das Ich, und Buddha erlangte den geistigen Zustand des Erwachtseins.

Auch wir könnten eine solche geistige Erfahrung des Geöffnetseins haben – vielleicht in einem kurzen Aufleuchten von Reinheit und Frieden –, aber dies ist nicht genug. Wir müssen lernen, wie wir diese Erfahrung wirksam machen und als eine Art von Mittelpunkt gebrauchen können, von dem aus wir uns entfalten. Man muß die rechte Atmosphäre um sich schaffen, so daß man nicht zu sagen braucht: »Ich bin der Erwachte.« Müßte man solches aussprechen und mit Worten demonstrieren, wäre man nicht erwacht.

Nun wanderte Buddha etwa sieben Wochen lang umher. Er war in gewissem Sinne einsam, vielleicht sehr einsam, da er der einzige war, der die Schau empfangen und etwas erreicht hatte. Er kannte einige Antworten auf die Frage nach dem Umgang mit dem Leben und der wahren Bedeutung, dem *Sosein* in der Welt des Samsara. Aber er war nicht sicher, wie er dies ausdrücken sollte. So entschloß er sich zu schweigen. In einem kurzen Vers – Gatha – aus einem der Sutras sagt er: »Tiefer, grenzenloser Frieden – das ist die Lehre, die ich gefunden habe. Niemand aber würde sie verstehen. Darum werde ich schweigend in der Wildnis verharren.«

Dann aber überkam ihn das endgültige Erbarmen und er erkannte seine Fähigkeit, die rechte Situation zu schaffen. Bis dahin hatte er noch immer den Wunsch zu lehren. (Denn er hatte etwas erreicht, mit dem er meinte, die Welt retten zu können, wenn man einen solchen Ausdruck gebrauchen darf.) Doch er mußte diesen Gedanken, alle Lebewesen zu retten, aufgeben. Im Augenblick, in dem er sich entschloß, die Welt zu verlassen und in die Wildnis zurückzukehren, erwachte das wahre selbstlose Erbarmen in ihm. Er sah sich nicht länger als Lehrer, er meinte nicht mehr, die Menschen retten zu müssen, doch griff er jede Situation, die sich ihm bot, unmittelbar auf.

Er predigte und lehrte etwa 40 Jahre und verbrachte sein Leben auf der Wanderschaft von einem Ende Indiens zum anderen. Er ritt nicht auf einem Elefanten oder Pferd, er benutzte keinen Wagen, sondern wanderte ganz einfach bloßen Fußes durch ganz Indien. Ich glaube, wenn irgend jemand von uns ihn bei seinen Reden hätte sehen oder hören können, so hätte er nicht den Eindruck eines Vortrages in unserem Sinn gehabt. Es war ein unmittelbares Gespräch. Aber auch das Sprechen war nicht das Wichtige, sondern die ganze Situation, die er nicht aus geistiger Macht oder aus Überlegenheit beherrschte, sondern weil er wahrhaftig war – wie dies jeder von uns sein könnte. Seine Lehre war schon erteilt, noch ehe er den Mund auftat. So heißt es in den Sutras, daß Götter, Asuras und alle Arten von Menschen aus verschiedenen

Teilen Indiens seinen Reden beiwohnten oder ihm begegneten, und jeder konnte ihn verstehen. Sie brauchten ihm keine Fragen zu stellen, sondern erhielten von selbst die Antworten. Dies ist ein wunderbares Zeichen der Kommunikation. Buddha erhob niemals den Anspruch, eine Inkarnation Gottes zu sein oder irgendein göttliches Wesen. Er war nichts als ein Mensch, der durch bestimmte Erfahrungen hindurchgegangen war und den Zustand des geistigen Erwachtseins erlangt hatte. Es ist für jeden von uns möglich, zumindest teilweise möglich, eine solche Erfahrung zu machen.

Dieses Beispiel zeigt uns, daß Reden nicht die einzige Methode der Kommunikation ist. Es gibt Begegnung, noch ehe wir etwas sagen, allein schon, wenn wir uns einen »Guten Tag« wünschen. In gewissem Sinne geht die Kommunikation auch weiter, nachdem wir mit dem Reden aufgehört haben. Die Begegnung muß nur in rechter Weise geschehen, indem man wahr und nicht ichzentriert ist. Dann ist das Prinzip der Dualität ausgeschaltet und das echte Modell der Kommunikation gegeben. Dies kann ein Suchender nur durch eigene Erfahrung erreichen, nicht, indem er das Beispiel eines anderen nachahmt. Weder Askese noch ein vorweggenommenes Modell kann Lösung bringen. Wir müssen selbst den ersten Schritt tun und nicht erwarten, daß er von der äußeren Welt oder von anderen Menschen ausgeht.

Wenn wir zu Hause meditieren und gerade in einer dichtbefahrenen Straße wohnen, können wir den Verkehr nicht einfach anhalten, nur weil wir Frieden und Ruhe brauchen. Wir können aber unseren Wünschen Halt gebieten und den Lärm annehmen. Auch im Lärm liegt Stille. Wir müssen in ihn hineingehen und nichts von außen erwarten, so wie es Buddha tat. Wir müssen jede Situation annehmen, wie sie auch sein mag. Solange wir uns nicht aus der Situation herausstellen, wird sie sich als ein Mittel erweisen, das wir benutzen können. So heißt es in den Schriften: »Dharma ist gut am Anfang, Dharma ist gut in der Mitte und Dharma ist gut am Ende.« Mit anderen Worten: Dharma veraltet nie, da im Grunde die Situation immer die gleiche ist.

Dünger der Erfahrung und das Feld von Bodhi

Wie kann Bodhi, der geistige Zustand des Erwachtseins, erlangt werden? Es herrscht große Unsicherheit, wenn man nicht weiß, wie man anfangen soll und anscheinend immerfort vom Strom des Lebens aufgehalten wird. Unaufhörlich bedrücken uns hin- und herwandernde Gedanken, Verwirrungen und verschiedenartigste Begierden treten ununterbrochen auf. Nach Meinung der Allgemeinheit scheint es für den einzelnen keine Chance zu geben, da er niemals wirklich fähig ist, nach innen zu blicken. Vielleicht aber liest er einmal ein Buch über dieses Thema oder hat den Wunsch nach einem geordneten Lebensweg. Aber auch dann scheint er keine Chance zu haben, keine Möglichkeit zu erfahren, wie er dies anfangen soll.

Gewöhnlich machen die Menschen eine sehr scharfe Trennung zwischen geistigem und täglichem Leben. Sie stempeln einen Menschen als »weltlich« oder »geistig« ab und ziehen einen harten, festen Trennungsstrich zwischen beidem. Wenn man also über Meditation, über Wachsamkeit und Verständnis spricht, wird der Durchschnittsmensch, der niemals von solchen Dingen gehört hat, offensichtlich keinen Zugang und wahrscheinlich nicht einmal genügend Interesse haben, um richtig hinzuhören. Aufgrund dieser Zweiteilung wird es ihm fast unmöglich sein, den nächsten Schritt zu tun. So kommt er in dieser besonderen Weise nie zu einer wirklichen Kommunikation mit sich selbst oder mit anderen. Die Lehren,

Unterweisungen oder mystischen Schriften können sehr tiefgründig sein, aber dieser Mensch ist niemals fähig, zu ihnen durchzustoßen. So gerät er in eine Art Sackgasse.

Entweder ist ein Mensch »geistig eingestellt« oder »weltlich gesinnt«; es scheint keine Möglichkeit zu geben, diesen Abgrund zu überbrücken. Ich halte diese Meinung für eines der großen Hindernisse auf dem Weg zur Geburt von Bodhi. Manchmal überfällt die Menschen, die mit dem Weg begonnen haben, auch Zweifel, und sie versuchen, ihn zu verlassen. Sie halten sich vielleicht für glücklicher, wenn sie den Weg aufgeben und weiter unwissend bleiben.

Etwas ist nicht im rechten Fluß, und es liegt ein Fehler darin, das eine mit dem anderen zu verbinden. Dies hindert uns an der Geburt des Bodhi. Darum müssen wir das Problem angehen. Wir müssen einen Schlüssel für den Durchschnittsmenschen finden, eine Möglichkeit des Entdeckens, eine Vorstellung, die er verstehen kann und die noch in Zusammenhang mit seinem Leben steht, Teil dieses Lebens ist.

Natürlich gibt es kein magisches Wort oder Wundermittel, um plötzlich sein Bewußtsein zu verändern. Man möchte wünschen, durch einige wenige Worte einen Menschen erleuchten zu können. Aber selbst große Meister wie Christus oder Buddha konnten ein solches Wunder nicht vollbringen. Sie mußten immer erst die rechte Gelegenheit finden und die geeignete Situation schaffen. Wenn man den Charakter eines Menschen, seine Blockierungen und Schwierigkeiten prüft, dann verfolgt man nur immer wieder den gleichen Weg, weil man einen Knoten aufzutrennen sucht, der schon lange vorhanden ist, und es würde endlose Zeiten brauchen, um diese Verwicklung und Verwirrung zu lösen. Deshalb muß man von einem anderen Gesichtswinkel ausgehen: Man muß den Charakter dieses Menschen annehmen, der völlig irdisch gesinnt sein kann, und dann einen bestimmten Aspekt seiner Tätigkeit oder Mentalität auswählen und diesen als Leiter, Anker oder Gefäß gebrauchen, so daß selbst der durchschnittliche Mensch Bodhi zur Geburt verhelfen kann.

Es ist richtig zu sagen, Buddha sei ein Erwachter und lebe ununterbrochen weiter. Dies betrifft sein Wesen und seine Lehre, denn das universale Gesetz durchdringt alles, und Sangha, die höchste und allen zugängliche Gemeinschaft, kann die Gegebenheiten beeinflussen. Dennoch wird die Mehrzahl der Menschen niemals daran denken, Zuflucht zu solchen Richtlinien zu nehmen. Man muß deshalb den richtigen Zugang zu finden suchen und wird dabei immer entdecken, daß ein Mensch in seinem Innern ein besonderes Merkmal hat. Man kann ihm Intelligenz und Persönlichkeit absprechen, aber tatsächlich hat jeder eine besondere charakteristische Eigenschaft. Das mag eine starke Gewaltsamkeit oder große Trägheit sein, aber man muß solche besondere Beschaffenheit annehmen und sie nicht unbedingt als einen Fehler oder eine Blockierung ansehen. Denn sie *ist* Bodhi in ihm. Es ist der Samen oder besser gesagt die latente Kraft, die Bodhi zum Durchbruch verhilft. Der Mensch ist schon von Bodhi befruchtet. So heißt es: »Da die Buddha-Natur alle Wesen durchdringt, gibt es keinen ungeeigneten Schüler.«

Diese Worte stehen in einer Schrift, die nach dem Tod, dem Parinirvana Buddhas, verfaßt wurde. In der Welt der Götter und Menschen begann jeder daran zu zweifeln, ob die Lehren Buddhas fortdauern würden, nachdem der wunderbare Lehrer fortgegangen war und nur eine Gruppe bettelnder Mönche zurückblieb. Diese schienen nicht viel zu tun oder waren gar nicht fähig, etwas zu tun. Einer der Schüler trauerte hierüber und meinte, daß die Welt des Samsara nun weiter und weiter gehen würde mit ihren Wogen von Leidenschaft, Begierde, Haß und Täuschung. Niemals würden sie mehr die Möglichkeit haben, Buddhas Lehren und Unterweisungen zu hören, sondern würden wieder in die Dunkelheit versinken. Was sollten sie tun? Als er solche Klagen erhob, durchfuhr ihn die Antwort, daß Buddha niemals gestorben, seine Lehre stets gegenwärtig und der Tod Buddhas nur eine Vorstellung, eine Idee sei. In Wahrheit ist niemand ausgeschaltet, und alle Wesen, jeder, der Bewußtsein, jeder, der Geist besitzt – wenn auch nur ein unbewußtes Wissen –, sind Anwärter auf die Bodhisattvaschaft, und jeder kann ein Erwachter werden.

In diesem Sinne gibt es nicht eine »Geheimlehre« oder eine Lehre, die nur für wenige gilt. Die Lehre ist immer so unverhüllt, so allgemein zugänglich und einfach, daß sie im Wesen jedes Menschen enthalten ist. Er mag ein Gewohnheitstrinker oder -verbrecher sein, dieses Wesen aber ist seine Möglichkeit. Will man Bodhi zur Geburt verhelfen, muß man vor allem die Eigenart des betreffenden Menschen achten und das eigene Herz der Gewaltsamkeit in ihm zuwenden. Dann muß man vollkommen auf ihn eingehen und ihn so respektieren, daß der kraftgeladene, dynamische Aspekt der Gewaltsamkeit für die Energie des geistigen Lebens dienstbar gemacht werden kann. Auf diese Weise wird der erste Schritt getan und das erste Band geknüpft.

Wahrscheinlich fühlt sich ein solcher Mensch sehr wenig wohl und tut deswegen Schlechtes, oder sonst irgend etwas stimmt nicht. Vielleicht hat er große Schwierigkeiten oder er sucht ein Problem zu lösen. Aber er kann dies nicht und setzt wahrscheinlich auf seiner Suche nach einer Lösung andere Tätigkeiten an die Stelle derer, auf die er verzichtet hat. Nur durch einfache, unmittelbare und gewöhnliche Ereignisse im Bewußtsein und Verhalten wird ein solcher Mensch zur Erfahrung des geistigen Zustandes des Erwachtseins gelangen.

Natürlich kann man dies nicht verallgemeinern. Es ist sinnlos, einem Menschen in seinem gewöhnlichen Zustand philosophische Begriffe ganz allgemein darstellen oder erklären zu wollen. Man muß die besondere Situation herausfinden, den Augenblick, in dem dieser Mensch ganz gegenwärtig ist. Es ist immer ein gewisser Funke oder ein Spalt vorhanden. Sein Charakter ist nicht etwas Einheitliches. Er befindet sich in ständigem Wechsel: einmal aktiv, dann wieder passiv und wieder aktiv. Der erste Zustand bedingt den nächsten. Deshalb besteht immer ein Spalt zwischen diesen beiden Perioden, den man zum Ausgangspunkt nehmen kann.

Wahrscheinlich muß man mit einer Art Theorie beginnen, weil man ohne Beachtung des Samsara, der Welt der Verwirrung, den geistigen Zustand des Erwachtseins oder Nirvana kaum entdecken kann. Samsara ist der Eingang, ist das Gefäß für Nirvana. Man sollte deshalb meinen, daß ein heftiger Charakter gut sei. Er ist etwas Wunderbares, Positives. Nun beginnt der Mensch, dies zu erfahren, wenn er zuerst auch verwirrt ist und sich wundert, was daran gut sein mag. Wenn er aber, über die Faszination hinaus, sich erst einmal darauf einläßt, fängt er zumindest an, sich wohl zu fühlen. Er beginnt zu verstehen, daß er nicht einfach ein »Sünder« ist, sondern etwas sehr Positives ihm innewohnt.

Genau das gleiche geschieht bei der Meditationsübung. Vielleicht entdeckt der Meditierende zuerst seine Schwäche. Dies kann in harmloser Form geschehen als Herumwandern der Gedanken oder Planen für die Zukunft, aber bestimmte Dinge kommen zum Vorschein, und man gewinnt den Eindruck, als säße man vor allem da, um über diese Dinge nachzudenken und nicht, um zu meditieren. Auf diese Weise entdeckt man einiges, was sehr wertvoll ist, und schafft eine sehr günstige Ausgangslage.

Es heißt häufig in den Schriften, daß man ohne Theorien und Vorstellungen gar nicht anfangen kann. Darum beginne mit Vorstellungen und baue dann eine Theorie auf. Schöpfe diese aus, und sie wird langsam der Weisheit, der intuitiven Kenntnis Platz machen. Zuletzt verbindet sich dieses Wissen mit der Wirklichkeit. Zu Beginn also sollte man das Auftauchen der Gedanken nicht verhindern und ihm nicht entgegenwirken. Wenn man beispielsweise einem Menschen helfen will, so gibt es zweierlei Motive: Einmal willst du ihm helfen, weil du ihn anders haben und nach deinen Gedanken umformen willst. Du möchtest, daß er deinem Weg folgt. Das ist noch Mitleid mit dem Ich, Mitleid mit einem Objekt, Mitleid, das dir ebenso wie dem anderen Wohltaten bringt – das aber ist nicht wirkliches Erbarmen. Absicht, anderen zu helfen, mag sicher gut sein, dennoch genügt emotionale Haltung, der Wunsch, die Welt zu retten und Frieden zu bringen, nicht ganz. Es bedarf noch mehr – es bedarf der Tiefe. Man muß zu Beginn Vorstellungen berücksichtigen und dann von ihnen aus weiterbauen, auch wenn in den buddhistischen Lehren Vorstellungen ganz allgemein als Hindernis betrachtet werden. Ein Hindernis braucht aber nicht etwas aufzuhalten. Es kann zugleich auch Fahrzeug sein. Es ist alles. Darum muß man den Vorstellungen besondere Aufmerksamkeit zuwenden.

Es heißt – ich glaube, im Lankavatara Sutra –, daß unfähige Bauern ihren Abfall fortwerfen und von anderen Dünger kaufen. Fähige Bauern aber sammeln ihren Abfall trotz schlechten Geruchs und schmutziger Arbeit, und wenn er gebrauchsfähig ist, verteilen sie ihn über ihren Acker, und aus dem so Gedüngten wächst die Frucht. Das ist der richtige Weg. In gleicher Weise werden, so lehrt Buddha, die Unwissenden das Reine vom Unreinen trennen und Samsara fortwerfen wollen auf der Suche nach Nirvana. Die wissenden Bodhisattvas aber werfen nicht Begierde, Leidenschaften und anderes fort, sondern sammeln sie zunächst. Das bedeutet, daß man sie zuerst erkennen und bejahen, sie erforschen und erfahren muß. Deshalb bejaht der Bodhisattva die negativen Dinge und nimmt sie an. Nun weiß er, daß er wirklich alle diese fürchterlichen Dinge in sich trägt, und wenn es auch sehr schwer und sozusagen unhygienisch ist, arbeitet er weiter mit ihnen. Dies ist für den Anfang die einzig richtige Art. Dann wird er sie auf dem Feld des Bodhi ausstreuen. Wenn aber die Zeit reif ist und er alle diese Vorstellungen und negativen Dinge erforscht hat, dann behält er sie nicht mehr, sondern benutzt sie als Dünger. So entsteht aus diesen unsauberen Dingen der Samen, der die geistige Erfahrung ist. Auf solche Weise erwacht sie.

Dagegen spaltet schon der Gedanke, daß Vorstellungen oder dieses und jenes Ding schlecht sind, das Ganze, so daß überhaupt nichts übrigbleibt, mit dem man umgehen kann. In solchem Falle muß man entweder vollkommen sein oder sich durch alle diese Dinge durchkämpfen und versuchen, sie zu vernichten. Bei dieser feindlichen Einstellung aber wird jedesmal, wenn etwas ausgerissen ist, ein anderes an seine Stelle treten, und wenn man dieses angreift, kommt von irgendwoher wieder ein anderes. Dies ist die beharrliche List des Ichs. So wird man beim Versuch, einen Teil des Knotens zu entwirren, den anderen Teil nur noch fester anziehen. Immer bleibt man in der Falle. Es ist deshalb richtig, nicht weiter zu kämpfen und das Schlechte zu entfernen, um das Gute zu erlangen, sondern man muß es respektieren und anerkennen. Auf diese Weise haben Theorie und Vorstellungen ihr Gutes und werden zum ausgezeichneten Dünger.

Wir haben in Tausenden und Tausenden von Leben so viel Abfall angesammelt, daß wir jetzt über eine herrliche Fülle an Dünger verfügen. Er enthält alles Notwendige, so daß er genau das Richtige ist und es eine Schande wäre, ihn fortzuwerfen. Wenn man dies tut, dann ist das ganze bisherige Leben bis auf den heutigen Tag – mögen es zwanzig, dreißig oder vierzig Jahre sein – vergeudet. Nicht nur das, sondern Leben auf Leben und weitere Leben würden vergeudet sein, und man wird sich für einen Versager halten. Alles Kämpfen und Sammeln war umsonst, und man müßte ganz von Anfang an neu beginnen. Die Folge wäre tiefste Enttäuschung, und der Verlust wäre größer als aller Gewinn. Man mag vom Ursprung heraus gefallen sein, und alle möglichen Dinge mögen sich ereignet haben – wahrscheinlich keine besonders erfreulichen. Dinge, die nicht wünschenswert, sondern negativ sind. Denn es gibt auf dieser Stufe Gutes und Schlechtes. Aber in dieser Zusammenstellung ist auch Gutes als Schlechtes und Schlechtes als Gutes verkleidet.

Man muß Achtung vor fließenden Formen aller früheren Leben und vor dem vergangenen Teil unseres gegenwärtigen Lebens bis zum heutigen Tag haben. Ein wunderbares Muster ist darin enthalten. Es ist schon eine gewaltige Strömung vorhanden, wenn viele Flüsse in einem Tal zusammentreffen. Dieser Strom ist so stark, daß man nicht versuchen sollte, ihn zu blockieren. Man sollte sich vielmehr der Strömung überlassen und sie ausnutzen. Dies bedeutet aber nicht, daß man immerfort solche Dinge sammelt. Wer so handelt, dem mangelt es an Aufmerksamkeit und Weisheit. Er hat das Sammeln des Düngers nicht verstanden. Würde er ihn richtig zusammentragen und ausstreuen, würde er an einem bestimmten Punkt erkennen, daß dieser Dünger bereits verwendbar ist.

In den Lehren des Tantra steht die Geschichte zweier enger Freunde, die beide nach der Wahrheit suchen. Sie gingen zu einem Meister, der ihnen folgendes sagte: »Gebt nichts auf, nehmt alles an. Wenn ihr es einmal angenommen habt, nutzt es in der rechten Weise.« Nun meinte der erste: »Das ist ja herrlich. Ich kann weiter so bleiben, wie ich bin.« Er errichtete Hunderte von Freudenhäusern, Hunderte von Metzgerläden und Hunderte von Trinkstätten, was man in Indien nur den niederen Kasten überläßt. Er unterhielt alle diese großen Geschäfte in der Meinung, daß dies von ihm erwartet würde. Der andere Freund aber hielt das nicht für richtig. Er begann, sich zu prüfen, und kam dabei zu dem Ergebnis, daß er schon genug Besitz hätte und nicht noch mehr anzusammeln brauche. Für diese Erkenntnis bedurfte es keiner besonderen Meditationsübung. Vielmehr erlangte er durch Bejahen der schon vorhandenen Fülle Erleuchtung oder zumindest einen gewissen Grad innerer Erkenntnis, eine Art Satori. Eines Tages trafen sich die Freunde wieder und verglichen ihre gegenseitigen Erfahrungen. Der erste Freund hatte keineswegs die Erleuchtung erlangt. Er kämpfte noch immer, raffte zusammen und tat solcherlei Dinge. Er war in eine noch tiefere Falle gestürzt und hatte noch nicht einmal begonnen, sich selbst zu prüfen. Jeder von beiden aber war überzeugt, daß er das Rechte tat. So beschlossen sie, den Lehrer aufzusuchen und ihn zu fragen. Dieser sagte zu dem Geschäftstüchtigen: »Ich fürchte, dein Weg ist falsch.« In seiner tiefen Enttäuschung zog dieser das Schwert und tötete den Meister.

Es gibt diese beiden Möglichkeiten, und vielleicht herrscht zwischen beiden einige Verwirrung. Wenn aber ein Mensch genügend Geschicklichkeit besitzt – er braucht gar nicht intelligent zu sein – und genügend Geduld hat, um seinen Abfall zu sichten und genau zu prüfen, wird er imstande sein, diesen zu verwerten. Um wieder auf das Thema der Vorstellungen zurückzukommen, das ein sehr wichtiges Beispiel ist: Der Gedanke, der hier zugrundeliegt, ist die Entwicklung eines positiven Ausblicks und die Erkenntnis des großen persönlichen Besitzes. Nachdem man die eigenen Vorstellungen und Gedanken erkannt hat, muß man sie in gewissem Sinne pflegen. Man hat die Neigung, sie aufzugeben oder fortzuwerfen. Aber man sollte sie pflegen. Nicht durch mehr Bücherlesen, Diskussionen oder philosophische Erörterungen – das wäre der andere Weg, der Weg des Freundes, der sich in die Geschäfte einließ –, sondern ganz einfach, um durch sie hindurchzugehen, da schon genügend Besitz vorhanden ist.

Ebenso wie ein Mensch, der etwas kaufen will, zuerst nachrechnet und feststellt, wieviel Geld er hat. Oder wie man seine alten Tagebücher durchliest, um die verschiedenen Stufen der Entwicklung festzustellen. Oder wie du auf den Dachboden gehst und alle alten Schachteln öffnest, um die Puppen und Spielsachen herauszuholen, die du etwa mit drei Jahren geschenkt bekamst, und sie betrachtest und den Zusammenhängen nachsinnst. Auf diese Weise lernst du dich ganz verstehen, und das ist wichtiger, als ständig etwas neu zu schaffen. Das Ziel der inneren Erfahrung ist nicht nur, den Zustand des Erwachtseins zu erreichen und zu verstehen, während man vorgibt, die andere Seite nicht zu kennen. Denn so betrügt man sich selbst. Jeder ist sein eigener bester, vertrautester Freund, sein engster Begleiter. Man kennt seine eigenen Schwächen und Unbeständigkeiten, man weiß, wieviel Unrechtes man getan hat, man weiß es mit allen Einzelheiten. Deshalb hilft es nichts, wenn man versucht und vorgibt, es nicht zu wissen, oder wenn man an diese Seite nicht denken will, sondern nur an die gute. Das würde bedeuten, daß man noch weiter Abfall anhäuft. Tut man dies aber auf solche Weise, dann hat man nicht genügend Dünger, um von dem wunderbaren Bodhi-Feld Ernte einzubringen. Man sollte also durchgehen und sich bis zu seiner Kindheit zurück prüfen. Hat man die große Fähigkeit, bis zu seinen früheren Leben zurückgehen zu können, dann sollte man dies tun und sie zu verstehen suchen.

Es gibt eine Geschichte von Brahma, der eines Tages einer Predigt Buddhas zuhörte. Da fragte ihn Buddha: »Wer bist du?« Und zum erstenmal begann Brahma in sich hineinzublicken und sich selbst zu prüfen (Brahma, der das Ich personifiziert). Aber er konnte dies nicht ertragen. Er antwortete: »Ich bin Brahma, der Große Brahma, der Höchste Brahma.« Da fragte ihn Buddha: »Warum kommst du dann, mir zuzuhören?« Und Brahma antwortete: »Ich weiß es nicht.« Da sprach Buddha zu ihm: »So blicke in deine Vergangenheit zurück.« Dies tat Brahma, der die wunderbare Begabung hatte, seine vielen vergangenen Leben zu erblicken. Aber er konnte es nicht ertragen. Er brach zusammen und schluchzte. Da lobte ihn Buddha: »Gut gemacht, gut gemacht, Brahma. So ist es gut.«

Das also war das erste Mal, daß Brahma seine wunderbare Fähigkeit, in seine Vergangenheit zu schauen, angewendet hatte und endlich die Dinge klar sah. Dies will nicht besagen, daß ein Mensch dabei zusammenbrechen und unglücklich sein muß. Aber es ist sehr wichtig, sich zu prüfen und durch alles hindurchzugehen, so daß nichts unentdeckt bleibt. Dann kann man eine vollkommene Übersicht über das Ganze gewinnen, so wie vom Flugzeug aus die gesamte Landschaft, alle Bäume, Straßen, überhaupt alles aufgenommen werden kann. Und man kann nicht vorgeben, irgend etwas nicht zu sehen.

Auch Angst und Erwartung müssen betrachtet werden. Hat man Todesangst, muß man diese untersuchen. Fühlt man sich beschwert von einem häßlichen Wesenszug oder von einer Unfähigkeit oder physischen Schwäche irgendwelcher Art, dann prüft man diese gleichermaßen. Man sollte auch das eigene Vorstellungsbild von sich selbst erforschen und alles, was Unbehagen auslöst. Zuerst ist dies sehr schmerzhaft – wie Brahmas Zusammenbruch zeigte. Aber es ist die einzige Möglichkeit. Manchmal berührt man eine sehr schmerzhafte Stelle, in die hineinzublicken man sich fast scheut. Dennoch muß man irgendwie durchgehen. Wenn man in den schmerzenden Punkt eindringt, erlangt man schließlich wahre Selbstbeherrschung und zum erstenmal eine durchgehende Kenntnis seiner selbst.

Bisher haben wir die negativen Aspekte dargelegt und wahrscheinlich auch die positive Seite ein wenig kennengelernt. Wir haben aber noch immer nichts erreicht und nur mit der grundlegenden Sammlung des Düngers begonnen. Jetzt müssen wir erforschen, wie er anzuwenden ist.

Inzwischen haben wir den positiven Ausblick und ein gewisses Maß an Verständnis gewonnen. Dies ist eine sogenannte echte Theorie. Es ist noch immer Theorie, aber man wirft sie nicht über Bord. Im Gegenteil: Man pflegt sie und arbeitet auf intellektuellem Gebiet unaufhörlich weiter und weiter. Intellektuell natürlich nur bis zu einem gewissen Grad, aber man arbeitet immer weiter, wenn auch ohne Bücher, Reden und Diskussionen. Es muß eine Art von Kontemplation und unmittelbarer Erforschung sein. So beginnt die eigene Theorie sich zu entwickeln und ihre besondere Form anzunehmen. Du entdeckst jetzt nicht nur die positiven Dinge, die du getan hast, sondern auch das Element des Bodhi, das in dir ist, und erkennst langsam, daß du die große Begabung hast, eine solche wunderbare Theorie zu entwickeln.

Auf dieser Stufe meint der Mensch oft schon, er habe einen Zustand der Erleuchtung, den Zustand des Satori erlangt. Aber dies ist ein Fehler. Natürlich bist du bei dieser ersten Entdeckung äußerst erregt, voller Freude und Seligkeit, aber du mußt weitergehen. Bist du durch diese Dinge hindurchgegangen und hast du sie studiert und erforscht, dann entdeckst du, daß deine Theorie nicht aufhört, wie dies bei gewöhnlichen Theorien der Fall ist, nachdem man philosophische Bücher oder heilige Schriften über dieses Thema gelesen hat. Diese Theorie geht weiter. Immer Neues wird geprüft, immer mehr herausgefunden.

Manchmal aber hört auch diese Theorie auf. Man erreicht einen Punkt, an dem man vom Ganzen zu stark fasziniert wird. Man forscht mit zuviel Eifer und kommt zu einem Stillstand und kann nicht weiter. Dies bedeutet nicht, daß ein Zusammenbruch oder eine Blockierung eintritt, sondern nur, daß man zu weit mit einer Idee, mit einem wissensdurstigen Denken gegangen ist. Nun muß man einen anderen Weg finden, ohne Eifer und ohne Faszination, und Schritt vor Schritt weitergehen mit dem »Tempo eines Elefanten«, wie es in der Schrift heißt. Du mußt sehr langsam gehen, ohne Emotionen, würdevoll Schritt für Schritt wie ein Elefant im Dickicht.

Auf diese Weise wirst du dich vielleicht sehr langsam durchkämpfen. Aber bei Milarepa heißt es: »Eile langsam, dann wirst du bald am Ziel sein.« Inzwischen ist Theorie nicht länger Theorie. Es ist auch eine Art von Imagination, aus der vieles in dich einfällt. Diese Imagination könnte sogar eine Art von Halluzination sein, aber auch diese gibt man nicht auf. Man hält sie nicht für eine falsche Spur, von der aus man wieder zu der alten zurückkehren muß. Man benutzt sie vielmehr. So bringt die Theorie die Imagination hervor, und diese ist der Beginn der intuitiven Weisheit. Danach entdeckt man die große Kraft der Imagination, über die man verfügt, und geht auf diese Weise allmählich vorwärts.

Auf der nächsten Stufe überschreitet man die Imagination, und hier gibt es überhaupt keine Halluzination mehr. Es ist etwas in uns, das wirklicher ist als reine Imagination, wenn es auch noch von dieser gefärbt und in seinen Umrissen ausgeschmückt wird. Aber etwas Wirkliches liegt darin. Man kann das mit dem Lesen eines

Kinderbuches vergleichen, das – für Kinder geschrieben – voller Phantasie ist. Dennoch liegt zugleich etwas Reales darin. Der Autor mag seine Erfahrung vereinfachen oder versuchen, sich dem Kind anzupassen, aber man findet etwas darin. In dieser Hinsicht gilt dasselbe für jede Geschichte. So ist die Einbildungskraft nicht reine Halluzination, sondern wirkliche Imagination. Wenn man auf die Theorie zurückblickt oder wenn man die Spuren bis zu den ersten Schritten, die man unternahm, zurückverfolgt, so war dieser Weg anscheinend ein wenig ermüdend, vielleicht auch unnötig. Aber das stimmt nicht. Man hat überhaupt keine Zeit vergeudet.

Du hast den Dünger gleichmäßig über das Feld ausgebreitet; nun ist die Zeit gekommen, um zu säen und auf das Wachsen der Frucht zu warten. Das ist die erste Vorbereitung. Man ist bereit für das Erlebnis. Und dieses hat schon begonnen. Man möchte viele Fragen stellen, denn viele Dinge sind noch ungewiß. In Wirklichkeit aber braucht man auf dieser Stufe überhaupt nichts mehr zu fragen. Vielleicht braucht man nur einen Menschen, der einem sagt, daß es so ist, obwohl die Antwort schon in uns liegt.

Die Frage gleicht einer ersten Schicht, der Schale einer Zwiebel. Wenn man diese entfernt, ist die Antwort da. Dies beschrieb der große Logiker und Philosoph des Buddhismus Asanga als »Intuitiven Geist«. Wenn man echte Logik betreibt, findet man im intuitiven Bewußtsein, daß die Antworten – und die Haltung des Gegenspielers – in uns liegen. Es kommt nur darauf an, daß man in die Tiefe geht. Das ist die wahre Bedeutung der Logik. Auf dieser Stufe hat man ein gewisses Empfinden erlangt. Die Imagination wird zu einer Art von Gefühl. Und mit diesem Gefühl hat man gleichsam die Vorhalle erreicht.

Übertragung

Nach allen diesen Vorbereitungen ist man endlich soweit, Bodhi zu erwecken. Zunächst muß man einen Guru, einen Lehrer, finden und ihn bitten, den Zustand des Erwachtseins zu enthüllen – als wäre er im Besitz unseres ganzen Reichtums. Es ist so, als ob ein anderer unser Eigentum besäße und wir ihn bitten müßten, es uns zurückzugeben. Dies trifft auch tatsächlich zu, aber man muß hierfür eine Art von Ritual ausführen. Wenn man den Lehrer um Unterweisung gebeten hat, wird er sie geben. Das ist die sogenannte »Übertragung«. Dieser Begriff »Abhisekha« spielt hauptsächlich in den Lehren des Vajrayana und des buddhistischen Yoga eine Rolle. Er kommt sehr oft in der tibetischen Tradition und auch in der Zen-Überlieferung vor.

Übertragung bedeutet nicht, daß der Lehrer sein Wissen oder seine Entdeckung dem Schüler mitteilt – das wäre unmöglich. Selbst Buddha vermochte es nicht. Es geht aber darum, daß wir keine Dinge mehr sammeln und uns von allem entleeren, was wir besitzen. Um nichts mehr anzuhäufen und das Ich nicht weiter zu belasten, mußt du einen anderen bitten, daß er dir etwas gibt, damit du das Gefühl hast, etwas zu bekommen. Du betrachtest dies nicht als deinen Besitz, den der Meister dir zurückgibt, sondern als etwas sehr Wertvolles, das ihm selbst gehört. Darum mußt du deinem Lehrer stets dankbar sein. Dies ist ein großer Schutz gegen das Ich. Denn du nimmst das Erhaltene nicht als etwas, das du in deinem

Inneren entdeckt hast, sondern als etwas, das dir ein anderer schenkte. Er gibt es dir, obgleich in Wirklichkeit die Übertragung nicht – wie schon gesagt – etwas dir Geschenktes ist. Du hast es einfach in dir selbst entdeckt. Das einzige, was der Lehrer tun kann, ist, die richtige Situation zu schaffen. Durch diese Situation und die äußeren Gegebenheiten wird das Bewußtsein des Schülers in den rechten Zustand versetzt, weil es schon darin ist. Man kann dies mit einem Besuch im Theater vergleichen: Die Szenerie ist schon für dich aufgebaut – Stühle, Bühne und so fort –, so daß du automatisch durch den Eintritt das Gefühl hast, an einem besonderen Ereignis teilzunehmen. Immer, wenn wir an einen Ort gehen oder an etwas teilnehmen, werden wir Teil davon, weil die Umwelt schon geschaffen ist. Im Fall der Übertragung kann die Lage etwas anders sein. Dennoch ist noch eine gewisse Umgebung vorhanden. Vielleicht benutzt der Lehrer überhaupt keine Worte, vielleicht muß er lange ausholen, um eine Sache zu erklären, oder er wird irgendeine Zeremonie vollziehen, vielleicht auch etwas ganz Lächerliches tun.

Es wird folgende Geschichte von Naropa, dem großen indischen Pandit, dem Maha Pandita der Universität von Nalanda, erzählt. Er war einer der vier großen Pandits zu jenem Zeitpunkt der buddhistischen Geschichte und als *der* Große Pandit in Indien, überhaupt in der ganzen Welt, bekannt. Er konnte alle heiligen Schriften auswendig vortragen, kannte jede Philosophie und wußte alles andere; aber er war mit sich selbst nicht zufrieden, da er nur das verkündete, was er gelernt hatte. Niemals war er wirklich in die Tiefen des Gelernten eingedrungen. Als er eines Tages auf dem Balkon der Universität auf und ab ging, hörte er, wie sich am Haupteingang eine Gruppe von Bettlern unterhielt. Sie sprachen von einem großen Yogi mit Namen Tilopa. Als er diesen Namen hörte, war er überzeugt, daß dieser der rechte Guru für ihn sei. So entschloß er sich, ihn aufzusuchen. Er gab den Bettlern Essen und fragte sie, wo Tilopa lebte; sie erklärten ihm den Weg. Trotzdem suchte er etwa zwölf Monate lang. Jedesmal, wenn er meinte, den rechten Ort gefunden zu haben, wurde ihm ein anderer genannt. Endlich kam er in ein kleines Fischerdorf und fragte nach dem großen Yogi Tilopa. Einer der Fischer meinte, daß er nichts von einem »Großen Yogi« wisse, daß aber unten am Fluß ein gewisser Tilopa lebe. Dieser sei sehr faul und würde nicht einmal fischen, sondern nur von dem leben, was die Fischer fortwerfen – von den Köpfen und Eingeweiden der Fische und ähnlichem.

Naropa folgte der angegebenen Richtung. Als er an den Platz kam, sah er nur einen Bettler, der sehr freundlich ausschaute, aber dem Anschein nach nicht einmal reden konnte. Dennoch fiel Naropa vor ihm nieder und bat um seine Unterweisung. Drei Tage lang sagte Tilopa kein Wort, endlich aber nickte er mit dem Kopf. Naropa nahm dies als Zeichen, daß er ihn als Schüler annahm. Dann sagte Tilopa: »Folge mir.« So folgte er ihm zwölf lange Jahre und ertrug in dieser Zeit viele Härten und Beschwerden.

Bei einer besonderen Gelegenheit sagte Tilopa, daß er sehr hungrig sei (ich erwähne dies, weil alles Teil der Übertragung ist. Damit schuf er die richtige Umgebung) und bat Naropa, Nahrung zu holen. Dieser war ein sehr edler Mensch und stammte aus einer Brahmanen-Familie, mußte aber, dem Beispiel des Tilopa folgend, ein solches Leben führen. So ging er in ein Dorf, in dem eine Hochzeit oder sonst ein besonderes Fest gefeiert wurde. Zuerst versuchte er zu betteln, aber an diesem Festtag war das Betteln verboten. So kroch er in die Küche und stahl einen Napf mit Suppe, lief fort und gab sie dem Guru. Tilopa schien sehr erfreut zu sein. Denn zum ersten Male sah Naropa ein strahlendes Lächeln auf seinem Gesicht. Da er dies wunderschön fand, beschloß er in Gedanken, eine weitere Schüssel zu holen. Tilopa gab seine Einwilligung und verlangte noch einen Napf.

Diesmal aber faßte man Naropa, schlug ihn und brach ihm Beine und Arme. Halbtot ließ man ihn auf dem Boden liegen. Einige Tage später kam Tilopa zu ihm und fragte ihn, anscheinend verärgert, was mit ihm geschehen sei, warum er nicht zurückgekommen wäre. Da antwortete Naropa: »Ich fühle, daß ich sterbe.« Sein Guru aber befahl ihm aufzustehen: »Du stirbst nicht und mußt mir noch weitere Jahre folgen.« Naropa stand auf und fühlte sich völlig wohl; tatsächlich war ihm nichts geschehen.

Ein anderes Mal kamen sie an einen tiefen Kanal, in dem viele Blutegel schwammen. Tilopa wollte ihn überqueren und bat Naropa, ihm als Brücke über den Kanal zu dienen. So legte sich dieser auf das Wasser, und als Tilopa über ihn weggeschritten war, fand Naropa seinen Körper mit Hunderten von Blutegeln übersät. Wieder blieb er tagelang liegen.

Solche Dinge geschahen während der ganzen Zeit, bis endlich, im letzten Monat des zwölften Jahres, als er mit Tilopa zusammensaß, dieser plötzlich seine Sandale auszog und ihm ins Gesicht schlug. In diesem Augenblick blitzten die Lehren des Mahamudra, des Großen Symbols, wie ein Leuchten in Naropas Bewußtsein auf, und er erlangte die Befreiung. Hierauf wurde ein großes Fest gefeiert und Tilopa meinte: »Das ist alles, was ich dir zeigen kann. Nun sind alle meine Lehren auf dich übertragen. In Zukunft muß jeder, der dem Pfad des Mahamudra folgen will, bei Naropa lernen und von ihm Unterweisungen empfangen. Naropa ist wie ein zweiter König nach mir.« Erst hiernach erklärte Tilopa ihm die Lehren in ihren Einzelheiten.

Das ist ein Beispiel der Übertragung. Zu jener Zeit

waren die Menschen zweifellos geduldiger und konnten es sich leisten, eine so lange Zeit aufzuwenden. Sie waren hierzu auch bereit. Diesem Beispiel aber liegt nicht der Gedanke zugrunde, daß Naropa erst die Lehre erhielt, als die Sandale seinen Kopf traf. Der Prozeß vollzog sich die ganze Zeit hindurch während dieser langen zwölf Jahre, die er mit seinem Lehrer verbrachte. Alle Schwierigkeiten und verschiedenen Zustände, die er durchlebte, waren Teil der Übertragung. Es handelte sich um den Aufbau und die Schaffung der Atmosphäre. Ebenso sind bestimmte Zeremonien der Übertragung, Abhisekha, Teil eines Vorgangs, der eine Umwelt schafft, die den Raum, den Menschen und auch die Gegebenheit einschließt, so daß man sagen kann: »In drei Tagen unterweise ich dich und dann wird die Übertragung stattfinden.« Auf diese Art wird der Schüler sein Bewußtsein öffnen. Und wenn er sich geöffnet hat, sagt der Lehrer einige Worte, die aller Wahrscheinlichkeit nach nicht viel bedeuten. Vielleicht sagt er auch gar nichts. Das Wichtige ist das Schaffen der richtigen Situation auf seiten des Lehrers wie des Schülers. Sobald die rechte Situation geschaffen ist, gibt es plötzlich nicht mehr Lehrer und Schüler. Der Lehrer bildet den einen, der Schüler den anderen Eingang. Wenn beide Tore geöffnet sind, ist vollkommene Leere, vollkommene Einheit zwischen beiden erreicht.

Dies wird im Zen »die Begegnung der Zwei im Geist« genannt. Wenn der Schüler das letzte Koan endlich gelöst hat, schweigen beide. Der Zenmeister sagt nicht: »Du hast recht.« Oder: »Jetzt hast du es erlangt.« Er hält nur inne, der Schüler auch. Es herrscht ein Augenblick des Schweigens. Das ist Übertragung, Schaffen der rechten Situation. Es ist alles, was ein Guru von außen tun kann. Es ist auch alles, was man selbst tun kann. Übertragung ist nichts anderes als das Sichöffnen auf beiden Seiten, das Offensein des Ganzen. Man öffnet sich vollkommen und in solcher Weise, daß vieles bewirkt wird, auch wenn es nur für wenige Augenblicke ist. Man hat damit noch nicht die Erleuchtung erlangt. Aber man hat einen Funken dessen aufgenommen, was Wirklichkeit ist. Das ist nicht besonders erregend oder überraschend und braucht nicht unbedingt eine sehr bewegende Erfahrung zu sein. Es öffnet sich einfach etwas, ein blitzartiges Aufleuchten. Das ist alles, auch wenn es in den Büchern als »Große Seligkeit«, als »Mahamudra«, als »Zustand des geistigen Erwachens«, als »Satori« und mit noch anderen Überschriften und Namen bezeichnet wird. Der tatsächliche Augenblick ist ganz einfach, ganz unmittelbar. Es ist die Begegnung zweier im Geist. Zwei werden im Geist eins.

Großzügigkeit

Großzügigkeit, Dana, ist eine der sechs Paramitas oder transzendenten Handlungen. »Par« bedeutet wörtlich: »das andere Ufer«. Der Ausdruck Paramita wird in Indien noch in der Umgangssprache gebraucht. »Par« bezeichnet die andere Seite des Flusses. »Mita« ist jener, der dort angekommen ist. So bedeutet Paramita das, was das andere Ufer erreicht hat. Einige Gelehrte sprechen von den Paramitas als den »Sechs Vollkommenheiten«. In gewissem Sinn sind dies vollkommene Handlungen; das Wort »Vollkommenheit« hat noch weitere Bedeutungen, die jedoch hier nicht zutreffen. Es handelt sich auch nicht darum, Vollkommenheit zu suchen oder zu erlangen. Darum ist es besser, die Paramitas im Sinn von Transzendenz zu verstehen als ein Überschreiten.

Diese sechs »Transzendenten Handlungen« sind die Tätigkeiten des Bodhisattva. »Bodhi« meint den geistigen Zustand des Erwachten und »Sattva« ist der Mensch auf dem Weg zum Erwachtsein. So bezieht sich das Wort Bodhisattva auf diejenigen, die Befreiung erlangt haben, und auf jene, die bestrebt sind, dem Pfad des Erbarmens, dem Pfad der Liebe zu folgen. Der Pfad des Hinayana, des »Kleinen Fahrzeugs«, bekannt als einführender oder schmaler Pfad, gründet auf Disziplin, der ersten Voraussetzung für die Entwicklung der Freiheit. Er hält nicht nur den Geist durch Übung der Meditation in Zucht, sondern auch Rede und physisches Verhalten. Diese Art von Disziplin ist etwas ganz anderes als das Festlegen eines moralischen Gesetzeskodex oder einer Sittenlehre im Sinn von »Sünde« und »Tugend«. Sie betrifft das rechte, wahre und vollkommene Handeln nach dem Gesetz der Wirklichkeit.

Wir müssen diesen Begriff der Disziplin oder des »Sila Paramita« klar erfassen. Er liegt allem zugrunde. Man könnte etwas vereinfacht sagen, daß es der »Schmale Pfad« ist. Wenn z. B. nur eine kleine Fährte über einen Gebirgspaß führt und das übrige Gebiet ganz überwachsen ist von Bäumen und Büschen, dann hätten wir überhaupt keine Schwierigkeit, uns für den schmalen Weg zu entscheiden. Wo es nur eine Spur gibt, geht man auf dieser oder kehrt um. Das Ganze vereinfacht sich zu einem einzigen Geschehen oder einer Folge von Ereignissen. Disziplin begrenzt also nicht unsere Tätigkeiten, indem sie erklärt, dieses oder jenes stünde gegen das göttliche Gesetz oder sei unmoralisch, sondern vor uns liegt eben nur ein Weg wahrer Einfachheit. Im Grunde beschränkt sich die Disziplin auf die Samatha-Übung, die Wachsamkeit entwickelt. Dank dieser sieht man einfach nur das, was ist. Jeder Augenblick ist Gegenwart, und man handelt aufgrund der Erfahrung des gegenwärtigen Augenblicks. Dies ist der Schmale Pfad. Von ihm aus kommen wir zu Mahayana, dem »Großen Fahrzeug«, dem offenen Pfad, dem Pfad des Bodhisattva. Der Schmale Pfad ist nicht nur einfach und direkt, sondern gibt auch Charakterstärke und große Würde. Auf seiner Grundlage entwickeln wir Erbarmen.

Im Grunde hat Erbarmen nichts gemeinsam mit Mitleid oder Freundlichkeit gegenüber dem Nächsten oder mit Spenden, die man regelmäßig Flüchtlingen gibt. Auch nichts mit Unterschriften unter verschiedenste Wohltätigkeitsorganisationen, wenn auch solches mit eingeschlossen sein kann. Erbarmen berührt das Wesen. Es entwickelt ein Gefühl innerer Wärme. Durch seine

Einfachheit und Wachsamkeit bringt der Bodhisattva selbstlose Warmherzigkeit hervor. Er denkt überhaupt nicht an das Wohlergehen seiner Seele und nicht daran, daß er einen anderen nicht leiden sehen will. »Ich« kommt gar nicht vor. Er spricht, denkt und handelt spontan, ohne an Helfen zu denken oder irgendeinen Zweck erfüllen zu wollen. Er handelt überhaupt nicht aus »religiösen« oder mitleidsvollen Gründen. Er handelt ganz einfach in Entsprechung zum wirklichen gegenwärtigen Augenblick. Dadurch entwickelt er eine Art von Wärme. Und es liegt eine starke Warmherzigkeit in diesem Gewahrsein, auch eine große schöpferische Kraft. Die Handlungen des Bodhisattva werden durch nichts begrenzt. Die verschiedensten Arten schöpferischer Impulse erwachen ganz einfach in ihm und sind in irgendeiner Weise genau das Richtige für diesen besonderen Augenblick.

Die Dinge geschehen einfach, und er gleitet durch sie hindurch, so daß eine ununterbrochene gewaltige Schöpferkraft in ihm lebendig bleibt. Das ist die wahre Tätigkeit von Karuna; dieses Sanskrit-Wort bedeutet »Edles Herz« oder »Erbarmendes Herz«. In diesem Fall bezieht sich also Erbarmen nicht allein auf Freundlichkeit, sondern auf wesenhaftes Erbarmen, auf selbstlose Barmherzigkeit. Der Bodhisattva ist sich *seiner selbst* nicht wirklich gewahr. Deshalb hat das Erbarmen einen weiteren Spielraum der Entfaltung und Entwicklung. Es gibt hier keinen Strahler, nur das Strahlen. Wenn es aber nur dieses Strahlen gibt und keinen Ausstrahlenden, dann kann es weiter und weiter wärmen, ohne daß sich die Energie jemals aufbraucht. Sie wird immer von neuem umgewandelt und verändert sich durch unaufhörliches Strahlen in etwas anderes, in eine neue schöpferische Aktivität. So geht es ununterbrochen weiter und weiter. Diese schöpferische Verwandlung ist nicht nur ein theoretischer oder philosophischer Begriff, sondern findet tatsächlich in einem praktischen Sinn statt, manchmal auf einfachste Weise.

Wenden wir uns nun der Großzügigkeit zu. Diese erwacht, wenn der Bodhisattva, von Erbarmen fortgerissen, seiner selbst nicht mehr gewahr ist. Sein Geist ist nicht nur von Erbarmen erfüllt; er wird selbst zum Erbarmen, er *ist* Erbarmen. Hiermit sind sechs Tätigkeiten verbunden: Großzügigkeit, Sittlichkeit, Disziplin (unmittelbare Zucht, die nach dem wahren Gesetz handelt), Geduld, Energie und Klarheit (die auch Weisheit oder Kenntnis der Situation ist). Dies sind die sogenannten Paramitas, die transzendenten Tätigkeiten.

Ich möchte wiederholen, daß der Bodhisattva nicht handelt, um tugendhaft zu sein oder um Sünde und Übel zu überwinden. Seine Gedanken beschäftigen sich nicht damit, ob sie auf der Seite des Guten oder Bösen stehen. Mit anderen Worten: Seine Aktivität hat keine Grenzen. Sie wird nicht von Gut und Böse gebunden oder bedingt. Deshalb ist sie transzendent – jenseits von allem.

Dies mag ein wenig abstrakt und unverständlich klingen. Vielleicht erhebt sich auch die Frage, wie Großzügigkeit etwas Transzendentes sein kann. Ist dies nicht eine rein philosophische Erklärung?

Nein, in diesem Fall trifft dies nicht zu. Denn die Großzügigkeit bezieht sich nicht nur auf die Tätigkeiten des Bodhisattvas. Er ist geistig einfach anders eingestellt. Sein Handeln ist vollkommen spontan, frei und gegenwärtig. So ist er absolut offen und in Hinsicht auf seine Gedanken nichtaktiv. Aktivität entsteht erst, wenn sich die Situation dafür ergibt. Vielleicht ist der Bodhisattva nicht ununterbrochen in einem Zustand selbstlosen Gewahrseins, aber er handelt zumindest unmittelbar und handelt nach dem Dharma.

In diesem Zusammenhang bedeutet Dharma das wahre Gesetz, das Gesetz des Universums. Leidenschaftslosigkeit ist Dharma. Dies besagt, daß Dharma keinerlei Begehren nach Vollkommenheit einschließt, so daß der Akt der Großzügigkeit ohne Bezug auf irgendeine besondere Belohnung ausgeführt wird. Großzügigkeit bedeutet: nicht besitzen.

Ein reicher Mann könnte sagen: »Jetzt habe ich die Gelegenheit, großzügig zu sein, weil ich etwas zum Schenken habe.« Einem Bodhisattva stellt sich solche Überlegung überhaupt nicht. Denn es handelt sich bei ihm nicht um irgendeinen Besitz. Großzügigkeit ist einfach eine geistige Einstellung. Man will nichts besitzen und es dann unter die Menge verteilen. Großzügigkeit bezieht sich auch nicht allein auf die Übung der Meditation, bei der man eine Art von Selbstlosigkeit empfinden kann, weil man nichts zurückhält, sondern ist auch etwas Positives. In den Schriften spricht Buddha von dem Ausüben der Großzügigkeit als Ausstrecken und Zurückhalten des Armes.

Aus der Zeit Buddhas stammt die Geschichte einer Bettlerin, die eine der ärmsten Frauen Indiens war. Denn sie war arm an Besitz und auch arm an Verstand. Sie wünschte sich soviel, daß sie nur noch ärmer wurde. Eines Tages hörte sie, daß Buddha in Anathapindikas Haus im Jeta Hain eingeladen war. Dies war ein reicher Hausvater und großer Wohltäter. Sie entschloß sich, Buddha zu folgen. Denn sie wußte, daß er ihr das Essen geben würde, das übrigblieb. Sie nahm teil an der Zeremonie, in der man der Gemeinde der Mönche (Sangha) und dem Buddha Nahrung opferte. Dann blieb sie sitzen und wartete, bis Buddha sie anblickte. Er wandte sich zu ihr mit der Frage: »Was willst du?« Natürlich wußte er es, aber sie sollte es auch wirklich zugeben und aussprechen. So antwortete sie: »Ich will Essen haben. Ich möchte, daß du mir gibst, was übrigbleibt.« Buddha antwortete: »In diesem Fall mußt du zuerst Nein sagen. Du mußt Essen verweigern, wenn ich es dir anbiete.« Er reichte es ihr, aber es war für sie sehr schwer, Nein zu sagen.

Sie erkannte, daß sie in ihrem ganzen Leben niemals Nein gesagt hatte. Wenn irgend jemand etwas besaß oder ihr anbot, hatte sie es immer haben wollen. So fiel es ihr sehr schwer, Nein zu sagen. Mit diesem Wort war sie überhaupt nicht vertraut. Nach großen Anstrengungen sagte sie endlich Nein – und Buddha gab ihr das Essen. Hierdurch erfuhr sie, daß ihr wirklicher Hunger der Wunsch war, zu besitzen, zu ergreifen, sich anzueignen, zu verlangen.

Dies ist ein Beispiel, wie man Großzügigkeit üben kann. So gesehen, kann man auch sich selbst gegenüber großzügig sein. Die Hauptsache ist, daß man sich von diesem Besitzergreifen, diesem andauernden Wollen befreit.

Der nächste Schritt ist das Fortgeben des eigenen Besitzes, aber dies muß nicht unbedingt mit Enthaltsamkeit verbunden sein. Es heißt nicht, daß dir überhaupt nichts gehören soll oder daß du sofort alles fortgeben mußt, was du hast. Du kannst viel Reichtum und große Besitzungen haben, dich an ihnen freuen und sie gern mögen. Wahrscheinlich hast du auch persönliches Interesse an ihnen wie ein Kind – in diesem Fall ein Erwachsener – an einem Spielzeug hat. Es geht nicht darum, den Wert eines Besitzes zu übersehen, aber man muß ihn auch wieder fortgeben können. Wenn dich jemand um einen bestimmten Gegenstand bittet, den du immer bei dir haben möchtest, dann solltest du nicht zögern, sondern ihn einfach fortgeben. Es geht nur darum, daß man die Vorstellung, die man vom Besitz hat, aufgibt. Denn sie ist eine Art von ständigem Hunger.

Es gibt eine tibetische Geschichte, die von zwei Brüdern handelt. Der eine hatte 99 Yaks, der andere nur einen. Der arme Bruder war mit diesem ganz zufrieden und hielt sich für reich. Er hatte einen Yak, und das war alles, was er brauchte. Er hatte auch keine besondere Angst, diesen zu verlieren. Seine Freude über den Besitz war größer als die Angst vor dem Verlust. Der andere dagegen war in ständiger Angst, er könne seine Yaks verlieren. Er mußte immerfort nach ihnen sehen, da es gewöhnlich auf dem Hochland von Tibet eine Menge Wölfe und Himalaya-Bären gibt und Yaks leicht die Härten des Winters nicht überstehen.

Eines Tages fiel dem Reichen ein, seinen Bruder aufzusuchen. Denn er hatte nicht nur Angst um den Verlust seiner Yaks, sondern wollte sie auch noch vermehren. So ging er zu dem Bruder und meinte: »Du hast, wie ich weiß, nur einen Yak, was für dich nicht viel bedeutet. So würde es dir sicher nichts ausmachen, wenn du überhaupt keinen hättest. Gibst du mir aber deinen Yak, dann habe ich hundert, was mir viel bedeutet. Hundert Yaks sind doch wirklich eine gute Sache. Wenn ich so viele hätte, wäre ich reich und könnte mich sehen lassen.« Auf seine Bitte hin gab der arme Bruder seinen Yak leichten Herzens ab. Er zögerte nicht, er gab ihn ganz einfach.

Diese Geschichte wurde sprichwörtlich in Tibet, um zu zeigen, daß jemand, der vieles hat, noch mehr verlangt, jemand aber, der wenig besitzt, bereit ist abzugeben.

Diese Besitzgier, dieser seelische Hunger bezieht sich nicht nur auf Geld und Reichtum, sondern auch auf das tief eingewurzelte Gefühl, etwas zu besitzen, Dinge festzuhalten und endgültig als Eigentum haben zu wollen.

Nimm an, du machst einen Schaufensterbummel. Der eine wird die ganze Zeit unglücklich sein und immer, wenn er Dinge sieht, die er haben möchte, einen schmerzhaften Stich empfinden, weil er daran denkt, daß er sie kaufen könnte, wenn er Geld besäße. Die ganze Zeit wird ihm dieses Verlangen großes Leid verursachen. Ein anderer dagegen freut sich beim bloßen Anschauen.

Dieses Verlangen nach Besitz, dieser Wunsch nach Eigentum und die mangelnde Bereitschaft, etwas fortzugeben, beziehen sich gar nicht auf etwas Bestimmtes. Es ist viel allgemeiner das Verlangen, sich mit etwas zu beschäftigen. Hat man das Interesse an dieser besonderen Sache verloren oder ist man gerade dabei, es zu verlieren, dann will man sofort etwas anderes an seine Stelle setzen. Es geht gar nicht darum, daß man nicht leben kann ohne Auto oder Zentralheizung – oder was es auch sein mag. Immer steckt noch etwas anderes dahinter, etwas Grundlegendes, eine Art Besitzwille, der Wunsch, ein Eigenes zu besitzen. Und immer ist dies etwas anderes und setzt wieder etwas anderes an seine Stelle. Das ist die wahre Schwäche; vielleicht nicht gerade Schwäche, sondern eher eine Art von Gewohnheit, die sich durch einen neurotischen Gedankenvorgang bildet. Nichts bleibt mehr übrig als dieser Gedanke, der während der ganzen Zeit das Bewußtsein besetzt. So kann sich gar nichts wirklich im Geist vollziehen und geschehen.

Ein Gedanke steigt auf, und bevor man ihn zu Ende denkt, kommt ein anderer und überlagert ihn, dann wieder ein anderer. Wir lassen niemals eine Lücke offen, die uns ermöglichen würde, frei zu sein und Dinge wirklich zu verarbeiten. Wir haben ein fortwährendes Verlangen und stehen in einem unaufhörlichen Prozeß, Besitz zu schaffen und zu fordern. Darum muß diese Großzügigkeit des wahren Sichöffnens entwickelt werden.

Auf den nächsten Stufen ist vielleicht eine tiefere Art von Großzügigkeit vorhanden: die Bereitschaft, die eigene Erfahrung mit anderen zu teilen. Das ist nicht leicht; denn es besteht die Gefahr, daß man einem anderen beibringen will, was man selbst gelernt hat. Und das ist eine empfindliche Angelegenheit. Vielleicht gibst du etwas zum Teil deshalb preis, weil du gern darüber sprechen möchtest. Vielleicht ist es etwas Erregendes, von dem du mehr weißt als ein anderer, und du willst dich ins Licht stellen. Das ist eine kleine List. Und doch mußt du in Worte fassen, was du erreicht hast und es einem anderen weitergeben; das ist der einzige Weg, um sich selbst zu entwickeln. Dies gilt insbesondere für die Lehrenden.

Für fortgeschrittene Lehrer, für jeden Lehrenden überhaupt ist es notwendig, die Dinge nicht nur zu lernen und zu behalten, sondern das Gelernte auch anzuwenden und zur Wirkung zu bringen, indem man es weitergibt, wenn auch nicht im Gedanken an eine Belohnung. Dies wird »Dana« oder »Dharma« genannt – das heißt: jederzeit verschenken. Du mußt natürlich sehr aufpassen, um nicht das falsche Geschenk einem falschen Menschen zu geben. Nimm etwa an, daß jemand nicht gern von deinen Erfahrungen hört, vor allem nichts über Meditation oder ähnliches. Dann solltest du nicht weiter darüber reden. Das wäre kein wirkliches Dana. Vielleicht wäre es für einen solchen Menschen besser, du gäbest ihm anderes. Dies muß mit Intelligenz, Klarheit und Weisheit erwogen werden. Prajna Paramita muß sich hiermit befassen.

Ganz allgemein aber muß man geben, wenn man empfangen will. Es findet ein unaufhörlicher Prozeß der Umwandlung statt. In Tibet gibt es einen alten Brauch, daß man dem Guru in der Regel etwas schenkt, wenn man von ihm Lehre oder Unterweisung haben will. Der Gedanke, der diesem Brauch zugrunde liegt, ist der, daß man etwas zum Ausgleich geben muß, wenn man etwas bekommen will – eine Lehre oder etwas anderes Wissenswertes. So kommst du dir nicht völlig arm vor, abhängig von einem anderen oder gedemütigt, weil du Hilfe brauchst, sondern du hast selbst etwas Bedeutsames zu geben.

Nach tibetischer Tradition verbrachten Menschen, die nach Indien kamen, um Texte zu übersetzen oder Lehren von indischen Meistern zu empfangen, zuerst etwa zwei

Jahre damit, in ganz Tibet Gold zu sammeln. Immer gaben sie etwas, bevor sie Unterweisung erhielten. Der Grundgedanke ist, daß man den Wert der Lehre erkennen muß, wenn man sie auch nicht nach materiellen Werten bemessen kann. Man muß aber bereit sein, etwas zu geben. Natürlich ist es am wichtigsten, das Ich hinzugeben, das eines unserer kostbarsten und wertvollsten Besitztümer ist. Wir müssen es fortgeben.

In der tibetischen Überlieferung gibt es bestimmte Übungen, zum Beispiel das Sich-Niederwerfen. Bevor man irgendeine der weiteren Meditationsstufen üben darf, muß man hunderttausend Verbeugungen in Verbindung mit dem buddhistischen Yoga ausführen. Die Idee dieser Niederwerfung ist die Preisgabe: Unterwerfung seiner selbst, das Sich-ganz-Öffnen. Es ist ein großer Prozeß der Entäußerung, der Vorbereitung, um Fahrzeug oder Gefäß zu sein, um empfangen zu können. Du mußt ein schon volles Gefäß öffnen und ausleeren. Das ist dein Opfer. Dann erst kannst du alles richtig im vollen Wert und in vollkommener Qualität aufnehmen.

Für einen Lehrer ist dies natürlich von größter Bedeutung, und meiner Überzeugung nach sind wir alle auf unsere verschiedenen Weisen Lehrer. Ich bin sicher, daß wir stets Menschen in unterschiedlichem Grad belehren können. Auch die Lehrer müssen bereit sein, von ihren Schülern zu lernen; das ist von äußerster Wichtigkeit. Auf andere Weise ist keinerlei Fortschritt auf seiten des Schülers möglich. Man würde sonst in einem gewissen Sinn zu begeistert sein und zu stark daran interessiert, Schüler als Erweiterung des eigenen Ichs zu benutzen, und würde eher ein zweites Ich hervorbringen als mithelfen, die Fähigkeiten des Schülers zu entwickeln. Aus diesem Grund müssen Lehrer bereit sein, von ihren Schülern zu lernen. So entsteht eine fortwährende Beziehung, findet ein ununterbrochener Austausch statt. Der

Lehrer langweilt sich nicht während des Unterrichtes, weil auch er sich dabei entwickelt. Immer gibt es etwas anderes, etwas Neues, so daß der Stoff niemals ausgeht. Man könnte dies sogar auf technische Studien und deren Lehrmethode ausweiten, gleichgültig, ob es sich um Mathematik, Naturwissenschaften oder sonst etwas handelt. Wenn der Lehrer bereit ist, etwas von dem Schüler zu lernen, ist auch dieser eifrig bemüht, etwas zu geben, so daß wirkliche Liebe besteht und eine echte Kommunikation stattfindet. Das ist die höchste Form von Großzügigkeit.

Man kann an Buddhas Leben erkennen, daß er niemals mit einer Art hochmütiger Autorität lehrte. Niemals nutzte er seine Macht als Buddha, als Erwachter, aus. Nie lehrte er in einer Form, daß der andere im Irrtum, er aber im Recht war. Wenn er auch zeitweilig darauf hinwies, daß ein Pfad der rechte, ein anderer der falsche war, und die Weisheit der Unterscheidung anwendete, regte er doch immer seine Schüler zu Diskussionen an. Und diese trugen stets etwas zu seinem Unterricht bei. In gewisser Weise stand er in steter Kommunikation und stellte bestimmte Fragen wie: »Ist das so oder nicht?« Das Urteil blieb den Schülern überlassen. Darauf antwortete er mit Ja oder Nein. Wie auch die Antwort ausfiel, immer baute er auf dieser auf. Es herrschte ein ständiges Geben und Nehmen.

Sicher kann dies jeder in sehr ähnlicher Weise nachmachen, aber im allgemeinen möchte man natürlich, wenn man etwas zu sagen hat, dies unverzüglich tun, ehe man auf irgendeine Kritik oder Reaktion von seiten anderer stößt. Dies beruht auf einer gewissen inneren Angst, da man nicht genug Selbstvertrauen besitzt und sich fürchtet, die Torheit des Ichs zu zeigen. Darum stellt man etwas gern selbstbewußt als Faktum dar und läßt es dabei bewenden. Wenn aber der Schüler hieran nicht voll teilnehmen kann, wird alles formell, schwierig und feierlich, und das Lernen macht keine Freude. Die Schüler werden sich bewußt, daß sie belehrt werden, daß man ihnen dies und das erzählt, und es versiegt irgendwie die schöpferische Kraft. Das Gelehrte geht nicht wirklich in die Persönlichkeit ein und hilft dem Schüler nicht, seine eigene Fähigkeit und Kenntnis zu fördern.

Natürlich ist Großzügigkeit in materiellen Werten, wie wir schon sagten, nicht nur eine Frage des Verschenkens von Gegenständen oder Geld, sondern mehr die Frage der dahinter liegenden Haltung. Ich will nicht behaupten, daß die östliche Verhaltensweise immer die richtige ist und will sie nicht als eine Art von Autorität benutzen, als wäre sie der authentische und einzige Weg, mit Dingen umzugehen, sondern sie nur als eine Anregung anführen. Doch man findet allgemein im Osten, daß jemand etwas verschenkt, weil er es am meisten liebt. Er gibt es fort, weil es wirklich Ausdruck seines Herzens ist.

Die seltsamsten Dinge erfahren Menschen wie ich, der als Abt eines Klosters in verschiedenen Gegenden Tibets herumreiste. Man bekommt allerlei Geschenke wie Haarschmuck und Ornamente, Schürzen und Schuhe von Frauen, Ringe und anderes. Nicht weil die Menschen meinen, daß man solche Sachen wirklich braucht, sondern weil es ihr kostbarster Gegenstand ist, etwas, was sie selbst vertritt. Sie haben das Verlangen, etwas zu besitzen, und geben es auch in solcher Weise fort. Das Hergeben und der Begriff von Punya, Verdienst, ist nicht eine Frage des Verschenkens von Gegenständen oder Spenden großer Geldsummen. Man muß auch physisch daran teilnehmen und ganz einbezogen sein in den Vorgang des Schenkens. Was etwa bei der Meditationsübung gilt: daß man ganz und gar beteiligt sein und eins mit dem werden muß, was man tut, das trifft auch für das Verschenken eines Gegenstandes zu, gleichgültig wie klein sein Wert ist. Man muß ganz in diesen Vorgang mit eingeschlossen sein, so daß ein Teil des Ichs mit fortgegeben wird. Auf diese Weise wird Paramita, der transzendentale Akt erreicht, der über das Gewöhnliche hinausgeht. In diesem Zustand weiß man nichts von »Tugend« und Verschenken aus »religiösen« Gründen; man denkt auch nicht daran, eine besondere Belohnung zu bekommen. Wenn man nur gibt, um Verdienste zu ernten, dann trägt dies dazu bei, das eigene Ich aufzubauen, anstatt wirklich etwas fortzugeben. Wer das Ich verschenkt, einen Teil der Besitzgier und der Leidenschaft fortgibt, der übt in Wahrheit Dharma, Leidenschaftslosigkeit. Der Lohn wird dann automatisch zu einem Nebenprodukt, und man versucht nicht ständig, Verdienst zu erwerben.

Geduld

Geduld, im Sanskrit Ksanti, wird meistens für Durchhalten und gelassenes Ertragen von Mühsal und Härten gebraucht. In Wirklichkeit bedeutet Geduld aber mehr als das. Es ist Durchhalten in dem Sinn, daß man eine Situation genau sieht und erkennt, daß man sie ertragen und Geduld entwickeln muß. So hat Ksanti einen Aspekt der Intelligenz, etwa im Gegensatz zu einem Tier, das, mit Gepäck beladen, immer weiter den Pfad entlanggeht, bis es tot umfällt. Diese Art von Geduld ist ohne Weisheit und Überlegung. Hier sprechen wir von Geduld mit klarer Erkenntnis und Energie. Im allgemeinen denken wir, wenn wir von Geduld sprechen, an einen einzelnen Menschen, der geduldig ist; aber Geduld hat auch viel mit Kommunikation zu tun. Sie kann sich entwickeln, wenn Disziplin vorhanden ist und man die richtige Situation schaffen kann. Dann erträgt man nicht nur etwas, weil es schmerzhaft und unerfreulich ist und weil man es durchstehen muß, sondern die Geduld entwickelt sich mühelos mit Hilfe von Virya oder Energie. Ohne Energie könnte man keine Geduld aufbringen, weil keine Kraft dafür vorhanden wäre. Diese Energie erwächst durch Schaffen der richtigen Situation, was mit rechtem Gewahrwerden verbunden ist. Vielleicht ist dieses Wort etwas unklar, weil es häufig Selbstbeobachtung bedeutet oder Gewahr-Sein dessen, was man tut. Es meint hier aber nichts anderes als das rechte Erfassen einer Situation. Man muß sich nicht unbedingt selbst beim Reden und Handeln beobachten, sondern sollte vielmehr die Lage als etwas Ganzes überblicken, wie man auf der Luftaufnahme einer Landschaft die Stadtanlagen und anderes genau erkennen kann. Geduld ist also mit Disziplin und diese mit Gewahr-Sein verbunden.

Disziplin ist tatsächlich der Schlüssel zu allem, und Sila, moralische Zucht, ist die Quelle der Disziplin und ihre Hauptfunktion. Hier gibt es nun zwei Auffassungen. Nach der einen ist Disziplin notwendig, und man kann nur durch sie den richtigen Weg kennenlernen und finden. Nach der anderen sollen sich die Dinge auf ihre eigene Weise entwickeln dürfen. Wenn weniger Disziplin vorhanden ist und die Dinge der Wahl oder dem Instinkt des einzelnen überlassen bleiben, dann wird er ein persönliches Interesse für sie aufbringen, ohne dazu gezwungen werden zu müssen. Dies sind zwei entgegengesetzte Ansichten.

Der Buddhismus macht zwar Kompromisse, aber er will die Dinge klar sehen. Wenn irgendwo zuviel Disziplin herrscht, ist sie bestimmt von einem anderen auferlegt worden. Es gibt Regeln und Vorschriften, und man wird immer beobachtet und hört, was man tun soll. In diesem Fall ist man nicht das, was man wirklich ist. Ein anderer weitet einfach sein Ich aus und drängt dir seinen Willen auf. Das ist mehr eine Art von Diktatur als von Disziplin. Denn man versucht, Dinge zum Wachsen zu zwingen, und läßt sie nicht sich natürlich entfalten. Auf der anderen Seite würde einem Menschen, dem die Disziplin vollkommen überlassen wird und der seinen eigenen Weg erspüren soll, dieses sehr schwerfallen. Ausnahmen sind die sehr seltenen Fälle, in denen ein Mensch hochintelligent und äußerst beherrscht ist, so daß er sich nicht von ungeregelten oder neurotischen Gedanken, Meinungen und Emotionen beeinflussen läßt. Doch das ist sehr selten.

Dies will nicht besagen, daß die meisten anormal oder psychisch gestört sind, aber solche Möglichkeiten sind in jedem angelegt. Es ist meist ein neurotischer Aspekt vorhanden, der uns in dieser oder jener Weise auf eine gegebene Situation reagieren und eine neurotische Verhaltensweise entwickeln läßt, die völlig falsch ist. Dies wäre eher ein Handeln nach unserer eigenen Bedingtheit als nach dem, was *ist*. In diesem Fall also hätte der Mensch nicht die Fähigkeit, Freiheit zu entwickeln, weil diese ihm nicht richtig gezeigt wird. Dies aber muß geschehen. Das Wort »Freiheit« ist an sich ein relativer Begriff. Er bedeutet Freiheit *von* etwas, sonst ist es keine Freiheit. Und da es Freiheit von etwas ist, muß erst die richtige Situation geschaffen werden, und das ist Geduld.

Kein Außenstehender, auch keine höhere Autorität, kann eine solche Freiheit schaffen. Man muß selbst die Fähigkeit entwickeln, die Situation zu erkennen. Man muß, mit anderen Worten, ein übersichtliches, alles durchdringendes Gewahrsein entwickeln, das die Situation *in gerade diesem Augenblick* überblickt. Es geht darum, daß man die Lage kennt und seinen Blick für diesen Augenblick des Jetzt öffnet. Das ist keine besondere mystische Erfahrung oder irgend etwas Geheimnisvolles, sondern eine ganz unmittelbare, unbefangene und klare Wahrnehmung dessen, was *jetzt ist*.

Wenn ein Mensch fähig ist, das zu sehen, was im Augenblick gegenwärtig ist, ohne beeinflußt zu sein von der Vergangenheit oder irgendeiner Zukunftshoffnung, wenn er eben nur diesen jetzigen Augenblick erblickt, dann gibt es in diesem Augenblick überhaupt keine Begrenzung. Denn diese könnte nur aus einer Verbindung mit der Vergangenheit oder aus der Hoffnung auf die Zukunft entstehen. Der gegenwärtige Augenblick hat überhaupt keine Beschränkungen. Hierdurch erfährt der Mensch, daß eine ungeheure Energie, Geduld zu üben, in ihm vorhanden ist. Er gleicht einem Kämpfer, der in den Krieg zieht und dabei nicht an die Vergangenheit oder an seine früheren Kriegserfahrungen denkt noch an die Folgen, die sich für die Zukunft ergeben. Er geht einfach in die Situation hinein und kämpft. Das ist der richtige Weg für einen Krieger. In ähnlicher Weise muß man bei einem sehr großen Konflikt diese mit Geduld gepaarte Energie entwickeln. Dies ist die rechte Geduld – Geduld mit dem allessehenden Auge, Geduld mit Klarheit gepaart.

Natürlich kann man leichter offen und bewußt anwesend für den gegenwärtigen Augenblick sein, wenn man allein ist oder sich die richtige Situation ergibt – etwa an einem sonnigen Tag oder an einem erfreulichen Abend oder in angenehmer Gesellschaft. Auch wenn man ein geeignetes Buch liest oder wenn etwas geschieht, das die Lage in eine richtige Atmosphäre versetzt oder mehr dem entspricht, was man tun will. Oft aber ist dies nicht der Fall. Vielleicht ist man in der falschen Gesellschaft oder furchtbar niedergeschlagen oder auf irgendeine Weise tief aufgewühlt. Aber auch hier sollte man die Gleichheit der beiden Aspekte erkennen. Das läßt sich natürlich leicht sagen, aber es ist schwer auszuführen.

Selbst wenn die Situation günstig erscheint wie auf dem Land, wo Ruhe herrscht und kein Lärm störend wirkt, ist man noch irgendwie unfähig, gefühlsmäßigen Störungen und Depressionen zu entfliehen, ebenso der großen Ansammlung von Dingen, die durch unseren Kopf gehen. Zum Teil ist hieran schuld die gegenseitige Abhängigkeit der Menschen, zum Teil die Unfähigkeit, sich zu öffnen und genügend Kraft und Geduld aufzubringen. Das Ganze läuft Gefahr, sich als eine gesonderte Einheit abzusplittern, nicht ein Teil des einheitlichen Musters eines Mandala zu sein.

Dies bedeutet, daß man immer im Mittelpunkt bleiben

und nicht auf die Situation reagieren sollte. Denkt man, etwas gehe den falschen Weg, und man möchte es auf die rechte Bahn führen, so mag dies ein durchaus mitleidvoller Gedanke sein. Dennoch ist das Element »Ich« dabei im Spiel. »Ich« möchte, daß er glücklich ist. Oder: »Wenn es ihn glücklich macht, bin ich auch glücklich.« Hierin liegt der Gedanke, daß beide an dem Glück teilhaben, und dies ist eine Art, im Glück zu schwelgen.

Oft befindet man sich sozusagen nicht im Zentrum einer Töpferscheibe, und wenn man versehentlich Ton auf den Rand dieser Scheibe wirft, fliegt er fort. Nichts ist fehlerhaft am Ton und nichts am Rad. Der Ton liegt nur auf dem falschen Fleck. Legt man ihn dagegen in die Mitte, dann entstehen wunderbare Töpfe. Es kommt also darauf an, die ganze Zeit in der Mitte zu sein und nicht zu erwarten, daß ein Mensch oder eine Situation von außen für uns handeln. Mit anderen Worten: Wer Geduld in höchster Form entwickelt, wird niemals irgend etwas von einem anderen erwarten. Nicht aus Mißtrauen, sondern weil er weiß, wie man in seiner Mitte sein kann und weil er die Mitte *ist*. Du wirst auch nicht die Vögel, weil sie Lärm machen, fortjagen, um in dir Stille zu finden. Um Ruhe zu haben, wirst du nicht die Bewegung der Luft oder das Rauschen des Stromes abstellen, sondern wirst diese annehmen und dennoch die Stille erleben. Nimm einfach alles als Teil der Stille. Auf diese Weise berührt der geistige Aspekt der Vogellaute den psychischen Aspekt in dir.

Anders ausgedrückt: Das Geräusch, das die Vögel machen, ist ein Faktor; der andere ist die psychische Vorstellung des Geräusches. Wenn man mit dieser umgehen kann, wird der Lärm der Vögel zur hörbaren Stille. Wieder liegt die Hauptsache darin, daß man nichts von außen erwarten und nicht versuchen soll, den anderen zu ändern oder die eigene Meinung durchzudrücken. Man soll einen Menschen nicht im falschen Augenblick überzeugen wollen, wenn man weiß, daß er schon eine sehr klare Meinung hat, oder wenn es einfach nicht der richtige Augenblick ist, daß unsere Worte ihn erreichen.

Ein Beispiel hierfür: Zwei Menschen gehen barfuß auf einer sehr unebenen Straße. Der eine ist der Meinung, man sollte die ganze Straße mit Leder bedecken, damit sie weich würde. Der andere, Weisere aber meint, es wäre besser, Leder über die Füße zu ziehen. Dies also ist Geduld. Sie ist nicht Mißtrauen, sondern die Tatsache, daß man nichts erwartet und nicht versucht, die Situation im Außen zu ändern. Das ist auch der einzige Weg, um Frieden in der Welt zu stiften. Wenn du bereit bist, hinzugehen und anzunehmen, wird auch der andere diesen Beitrag leisten. Würden hundert Menschen dasselbe tun, käme alles in Ordnung.

Es gibt eine tibetische Geschichte von 101 Soldaten, unter denen einer zufällig der Sohn des Oberbefehlshabers war – ein sehr junger Bursche. Der Vater ermahnte ihn: »Du scheinst dich verspätet zu haben. Alle anderen haben ihre Pferde gesattelt. Und du?« Der Sohn antwortete: »Wenn hundert Menschen ihre Pferde so schnell satteln, dann wird ein einziger nicht viel Zeit dafür brauchen.« Natürlich hatten alle ihre Pferde zur gleichen Zeit gesattelt, so daß er zurückblieb. Wenn man also erwartet, daß sich die äußere Situation verändert, dann verkehrt sich das Ganze, und man wird von allen Seiten fortgedrängt und benachteiligt. Es ist, als laufe man über Glatteis.

Manchmal kann man natürlich die Situation mit bestimmten Menschen ändern. Vielleicht dadurch, daß man eine Reihe mühsamer Stadien durchläuft, sich beispielsweise beklagt oder lange ausholt, um zu erklären, daß dies oder jenes einen stört oder ein anderes nicht annehmbar ist. Aber wenn man diesen langwierigen Prozeß durchläuft, ist das Ziel, das man erreichen wollte – nämlich Frieden und Ruhe – längst außer Sicht gekommen, und man hat überhaupt nichts erreicht. So wird das Ganze zu einer andauernden Rattenjagd.

Deshalb ist Geduld der Weg, um ein Beispiel des Friedens zu geben. Wenn man irgendwo eine ruhige Atmosphäre schaffen will, muß man Geduld aufbringen. Man braucht hierfür nicht einmal Mühen auf sich zu nehmen, sondern sollte die heitere Seite der Situation sehen, die einen irritiert. Ist man imstande, diesen Aspekt zu erblicken, der auch fesselnd ist, dann ist die Situation in gewisser Weise nicht mehr beunruhigend und mischt sich nicht länger in unsere Stille ein. Wenn man eine Situation in entspannter, ruhiger Weise annimmt, dann ist schon der erste Schritt getan, um eine Atmosphäre des Friedens und der Ruhe zu schaffen. Dies wird dann auch ein anderer fühlen, selbst wenn er es nicht ausspricht.

Geduld ist also der Schlüssel zur Entfaltung einer offenen Mitte und zum Aufrichten eines festen Fundaments für die Meditationsübung. Sie ist überdies sehr wichtig im Umgang mit dem Leben und mit anderen Menschen und für die Haltung in der Welt, in der wir leben müssen. Für die meisten Menschen hat Geduld einen Beigeschmack des Puritanischen, der Kühle und der Naivität und eines Verhaltens, das wenig Worte macht. Wenn das Leben kummervoll ist, erträgt man es mit einem verlogenen Lächeln. Das aber ist keineswegs Geduld. Denn wenn man nicht bereit ist, eins mit der Situation zu sein und auch den heiteren Aspekt in ihr zu sehen, dann wird eines Tages dieses puritanische Ertragen zerbrechen und zugrunde gehen, und es wäre überhaupt kein Raum mehr da für Geduld.

Meditation

Meditation ist ein umfangreiches Thema, das die Jahrhunderte hindurch viele Entwicklungen erfahren hat und sehr verschiedenartige Abwandlungen durch die unterschiedlichen religiösen Traditionen empfing. Allgemein gesprochen, drückt sich das Wesen der Meditation in zwei Grundformen aus. Die erste ergibt sich aus den Lehren, die sich mit der Natur des Seins beschäftigen. Die zweite betrifft die Kommunikation mit der in der Außenwelt sich offenbarenden oder mit der universalen Vorstellung von Gott. In beiden Fällen ist die Meditation der einzige Weg, um die Lehren in die Praxis umzusetzen.

Wo der Begriff eines äußeren »höheren« Wesens vorhanden ist, da gibt es auch eine innere Persönlichkeit, die man »Ich« oder »Ego« nennt. In diesem Fall wird die Meditation zu einem Weg der Kommunikation mit einem Wesen der Außenwelt. Dies bedeutet, daß man sich unterlegen fühlt und den Versuch macht, mit etwas Höherem, Größerem Kontakt aufzunehmen. Eine solche Meditation gründet auf Verehrung und Hingabe. Sie ist grundsätzlich eine innere oder introvertierte Übung, die in den Hindu-Lehren wohlbekannt ist. Hier liegt die Betonung auf dem Eingehen in den inneren Zustand des Samadhi, in die Tiefen des Herzens. Man findet eine ähnliche Methode in den christlich-orthodoxen Lehren, in denen das Herzensgebet benutzt und die Sammlung auf das Herz besonders betont wird. Dies ist ein Mittel, sich mit einem äußeren Wesen zu identifizieren, und verlangt innere Reinigung. Der grundlegende Gedanke ist das Getrenntsein von Gott. Es besteht aber noch ein Bindeglied; man ist noch Teil Gottes. Manchmal führt diese Vorstellung zu einer solchen Verwirrung, daß man Klarheit schaffen, innerlich an sich arbeiten und versuchen muß, die Individualität auf die Ebene eines höheren Bewußtseins zu heben. Dies setzt Gefühle und fromme Übungen voraus, deren Ziel Kontaktaufnahme mit Gott, mit Göttern oder einem bestimmten Heiligen ist. Bei solchen Übungen der Verehrung können auch Mantras aufgesagt werden.

Die andere Hauptform der Meditation bedarf eines fast völlig entgegengesetzten Zugangs, wenn sie letztendlich auch zu den gleichen Ergebnissen führen kann. Sie verlangt keinen Glauben an Höheres und Niederes. Der Gedanke an verschiedene Ebenen oder an einen unterentwickelten Zustand, in dem man sich befindet, steigt gar nicht auf. Man fühlt sich nicht unterlegen und sucht nicht, etwas Höheres zu erreichen. Darum verlangt die Übung der Meditation keine innerliche Konzentration auf das Herz. Es gibt überhaupt keine Vorstellung einer Zentralisierung. Selbst Übungen der Konzentration auf Chakras oder psychische Zentren im Körper werden auf andere Art eingeleitet. Wenn auch in bestimmten buddhistischen Lehren der Begriff der Chakras erwähnt wird, ist die Grundlage der mit ihnen verbundenen Übungen doch nicht die Entwicklung eines inneren Zentrums. Diese Meditation bezieht sich auf den Versuch, das zu sehen, was wirklich *ist*.

Es gibt viele Abarten dieser Form der Meditation, aber im allgemeinen gründen sie auf verschiedenen Methoden des »Sichöffnens«. Ziel dieser Meditationsweise ist deshalb nicht Ergebnis einer langen, mühevollen Übung, mit deren Hilfe wir uns in einen »höheren« Zustand hineinformen. Es ist auch nicht notwendig, sich in einen inneren

Trancezustand zu versetzen. Eher ist es eine Meditation der Verarbeitung oder eine extravertierte Meditation, in der erprobte Fähigkeiten und Weisheit miteinander verbunden werden müssen wie die beiden Flügel eines Vogels. Dies bedeutet kein Sichzurückziehen aus der Welt. Im Gegenteil: Die Meditation würde ohne äußere Welt, die Welt der Erscheinungen, fast unmöglich sein, da Individuum und Außenwelt nicht voneinander gesondert sind, sondern gleichzeitig existieren. So fehlt die Vorstellung einer Kommunikation und des Versuches, mit einem höheren Wesen eins zu werden.

Bei solcher Art von Meditation spielt die Vorstellung des *Jetzt* eine sehr wichtige Rolle. Sie ist tatsächlich das Wesentliche der Meditation. Was man tut, was man zu üben versucht, soll nicht einen höheren Zustand erzielen oder eine Theorie, ein Ideal befolgen; man soll einfach ohne jeden Zweck oder Ehrgeiz versuchen, das zu erkennen, was hier und jetzt ist. Man soll des gegenwärtigen Augenblicks gewahr werden. Ein Mittel hierzu ist die Konzentration auf den Atem, eine Übung, die in der buddhistischen Tradition entwickelt wurde. Sie beruht auf dem Wissen um die Gegenwart. Denn jede Atmung ist einzigartig, ist Ausdruck des *Jetzt.* Jeder Atemzug ist vom nächsten getrennt und kann genau beobachtet und empfunden werden. Dies geschieht nicht in Form einer Vorstellung oder nur als Hilfe zur Konzentration, sondern man muß uneingeschränkt und in rechter Weise damit umgehen. Ebenso wie ein ausgehungerter Mensch beim Essen nicht einmal weiß, daß er ißt, sondern so sehr die Nahrung verschlingt, daß er sich vollkommen mit dem identifiziert, was er tut und fast eins wird mit dem Geschmack und dem Genuß.

Ähnlich verhält es sich mit dem Atem. Die Hauptsache hierbei ist der Versuch, eben diesen Augenblick durchlässig zu machen. Deshalb gibt es hier überhaupt nicht die

Vorstellung, etwas Höheres zu werden; Meinungen haben hier nicht viel Bedeutung. Denn in gewissem Sinn bilden diese eine Ausflucht. Sie verursachen eine Art Trägheit und verdunkeln die Klarheit der Sicht. Die Klarheit unseres Bewußtseins wird von fertiggestellten Begriffen verschleiert, und wir suchen alles, was wir sehen, einzuengen oder es in irgendeiner Weise unseren vorgefaßten Ideen anzupassen. So können Begriffe und Theorien – folglich auch die Theologie – zu Hindernissen werden.

Man könnte deshalb fragen, was für einen Sinn das Studium der buddhistischen Philosophie hat. Da hierzu Schriften, Texte und bestimmt auch eine glaubwürdige Philosophie gehören, wäre dies vielleicht eine richtige Konzeption. Das hängt vom einzelnen ab, im Grunde aber ist das nicht nötig. Man versucht von Anfang an, Vorstellungen zu transzendieren und vielleicht auf sehr kritische Weise herauszufinden, was wirklich *ist*. Hierfür muß ein kritischer Geist entwickelt werden, der die Intelligenz anregt. Dies kann zuerst zur Ablehnung dessen führen, was Lehrer sagen oder was in Büchern geschrieben steht. Dann aber fängt man langsam an, etwas zu empfinden und etwas für sich selbst zu erkennen. Dies kann man als Begegnung von Imagination und Wirklichkeit bezeichnen, wobei der gefühlsmäßige Eindruck bestimmter Worte und Vorstellungen intuitiv erfaßt wird, wenn auch zeitweilig in einer etwas unklaren und ungenauen Art. Man mag daran zweifeln, ob das, was man lernt, richtig ist. Aber man hat das unbestimmte Gefühl, daß man im Begriff steht, etwas zu entdecken.

Man kann nicht damit beginnen, vollkommen zu sein, aber mit etwas muß man den Anfang machen. Und wenn man diese intelligente, intuitive Einsicht pflegt, dann entwickelt sich nach und nach das wirkliche intuitive Gefühl, und das Phantasiehafte und Trügerische wird allmählich geklärt und schließlich ausgelöscht. Zuletzt wird dieses unklare Gefühl der Erkenntnis so klar, daß fast kein Zweifel mehr übrigbleibt. Selbst auf dieser Stufe mag noch der Fall eintreten, daß man nicht wörtlich seine Entdeckung erklären oder genau festlegen kann. Würde man dies versuchen, dann wäre es eine Begrenzung des eigenen Gesichtskreises und könnte Gefahren mit sich bringen.

Mit fortschreitender Entwicklung dieses intuitiven Gefühls erlangt man am Ende doch ein unmittelbares Wissen statt einer Leistung, die in keiner persönlichen Beziehung steht. Man wird – wie in dem Gleichnis der Hungrigen – eins mit dem Gegenstand. Dies kann nur mit Hilfe von Meditationsübungen geschehen. Darum ist Meditation zustärkst eine Sache der Übung – eine Arbeitsmethode. Es handelt sich nicht darum, in eine innere Tiefe zu gehen, sondern um Ausweitung und Entfaltung.

Dies sind die grundlegenden Unterschiede zwischen den beiden Hauptformen der Meditation. Erstere mag für gewisse Menschen, letztere für wieder andere geeignet sein. Es handelt sich nicht darum, daß eine Form der anderen überlegen oder fehlerloser ist als diese. Bei jeder Art von Meditation aber muß man zuerst das starke Gefühl von Anspruch und Ehrgeiz überwinden, das ein sehr großes Hindernis bildet. Wenn man Forderungen an andere, etwa an einen Guru, stellt oder wenn man den Ehrgeiz hat, mit dem, was man tut, etwas zu erreichen, so entsteht dies aus einem angesammelten Wunsch oder einem Bedürfnis heraus. Dies ist eine ichzentrierte Vorstellung, die auf Blindheit beruht, als habe man nur ein Auge und dieses befände sich in der Brust.

Wenn du gehen willst, kannst du deinen Kopf nicht umwenden, und du nimmst nur ein begrenztes Gebiet wahr. Da du nur in einer Richtung sehen kannst, fehlt dir die Fähigkeit, nach hinten zu blicken. Deshalb besteht die große Gefahr, daß du hinfällst. Ein solcher Mangel gleicht einem Schleier, der uns hindert, den Augenblick des Jetzt zu erkennen. Unsere Bedürftigkeit bezieht sich entweder auf die Zukunft oder auf den Versuch, etwas fortzuführen, das der Vergangenheit angehört, so daß man das Jetzt vollkommen vergißt. Es kann eine gewisse Bemühung vorhanden sein, um sich auf das Jetzt zu konzentrieren, aber nur etwa 20 Prozent des Bewußtseins sind in der Gegenwart verankert. Das übrige verteilt sich auf die Vergangenheit oder die Zukunft. Deshalb ist nicht genügend Kraft vorhanden, um das Gegenwärtige unmittelbar zu sehen.

Auch hier spielt die Lehre von der Selbstlosigkeit eine wichtige Rolle. Diese bedeutet nicht nur, daß man die Existenz des Ich leugnet, da dieses etwas Relatives ist. Wo es ein Außen, eine Person, ein höheres Wesen gibt oder die Vorstellung von etwas, das abgesondert von uns ist, nehmen wir an, daß hier auch etwas vorhanden sein muß. Die äußere Erscheinung wird manchmal so überwältigend und scheint alle Arten von verführerischen oder aggressiven Eigenschaften anzunehmen, daß wir einen gewissen Abwehrmechanismus dagegen aufrichten und nicht erkennen, daß dieser nur eine Fortführung der äußeren Erscheinung darstellt. Wir versuchen uns vom Außen abzusondern, und dies bildet eine Art übergroßer Luftblase in uns, die aus nichts anderem als Luft und Wasser besteht oder in diesem Fall aus Angst und Widerspiegelung des Außen. Die große Blase läßt keine frische Luft eindringen – es ist das Ich, das Ego. In diesem Sinn gibt es ein Ich, doch in Wirklichkeit ist es eine Täuschung. Nachdem man es aufgerichtet hat, sucht man im allgemeinen ein Idol oder eine Zuflucht im Außen.

Im Unterbewußten weiß man, daß das Ich nur eine Blase ist, die in jedem Augenblick aufbrechen kann. Deshalb versucht man, sie so gut wie möglich zu schützen

– bewußt oder unbewußt. Wir haben tatsächlich eine solche Geschicklichkeit im Beschützen des Ego erreicht, daß wir es jahrhundertelang bewahrt haben. Dies erinnert an einen Menschen, der eine sehr kostbare Brille hat, die er in eine Schachtel oder an einen anderen Aufbewahrungsort legt, damit sie in Sicherheit ist, selbst wenn anderes zerbricht. Er fühlt vielleicht, daß andere Dinge mehr aushalten können, die Brille aber muß besser aufbewahrt werden, denn sie verträgt weniger. Ebenso wird das Ich mehr geschützt, weil es in jedem Augenblick zerbrechen könnte. Davor hat man Angst. Denn man würde das kaum ertragen. Man käme sich zu ausgeliefert vor. Und so wird ein solch faszinierendes Gebilde außerhalb von uns aufgebaut, wenn es in Wirklichkeit auch nur unsere eigene Widerspiegelung ist.

Aus diesem Grund ist es für den Begriff der Ichlosigkeit nicht eigentlich die Frage, ob es ein Selbst gibt oder nicht oder ob – hiermit zusammenhängend – ein Gott existiert oder nicht. Es handelt sich vielmehr darum, daß die Vorstellung der Luftblase fortgeräumt wird. Ist dies geschehen, dann muß man nicht absichtlich das Ego zerstören oder Gott verdammen. Wenn diese Schranke beseitigt ist, kann man sich entfalten und geradewegs hindurchgehen. Dies aber kann nur mit Hilfe der Meditationsübung geschehen, und zwar auf eine sehr praktische und einfache Art. Die mystische Erfahrung der Freude und Gnade – oder was immer es sein mag – wird dann in jedem Gegenstand gefunden.

Dies geschieht durch Vipassana oder die Meditationsübung der »Einsicht«. Wenn wir erst einmal eine grundlegende Methode der Disziplin aufgerichtet und eine ordnungsgemäße Art entwickelt haben, mit einer Situation umzugehen, gleichgültig, ob es sich um Atmen, Gehen oder dergleichen handelt, dann tritt in einer bestimmten Phase die Technik immer mehr zurück. Die

Wirklichkeit breitet sich langsam aus, so daß wir überhaupt keine Technik mehr benötigen. In diesem Fall braucht man sich nicht mehr nach innen zu konzentrieren, sondern kann sich immer mehr nach außen entfalten. Je mehr dies geschieht, um so näher kommt man der Erfahrung einer Existenz ohne Zentrum.

Dies ist das grundlegende Modell dieser Art von Meditation; es beruht auf drei wesentlichen Faktoren: 1. nicht nach innen sich zentrieren; 2. nicht verlangen, etwas Höheres zu werden; 3. sich mit dem Hier und Jetzt völlig identifizieren. Diese drei Elemente durchziehen die Meditationsübung vom Anfang bis zum Augenblick der Verwirklichung.

Frage: Du sprichst vom Jetzt, und ich wundere mich, wie man das Absolute durch Gewahrwerden eines relativen Zeitaugenblicks erkennen kann?

Antwort: Wir müssen damit beginnen, den relativen Aspekt durchzuarbeiten, bis endlich dieses Jetzt eine solche Lebendigkeit gewinnt, daß es nicht mehr darauf angewiesen ist, von einer relativen Art ausgedrückt zu werden. Man kann sagen: Das *Jetzt* existiert die ganze Zeit jenseits des Begriffes der Relativität. Da aber alle Begriffe auf dem Gedanken der Relativität beruhen, ist es unmöglich, irgendein Wort zu finden, das diesen übersteigt. Deshalb ist das Jetzt die einzige Weise, unmittelbar zu sehen. Erstens liegt es zwischen Vergangenheit und Zukunft. Zum anderen entdeckt man allmählich, daß es überhaupt nicht der Relativität unterworfen ist. Man erkennt, daß weder die Vergangenheit noch die Zukunft existiert, sondern alles jetzt geschieht.

Als Beispiel müßte man, um Raum zu beschreiben, zuerst eine Vase formen, diese dann zerbrechen und nun erkennen, daß die Leere in der Vase die gleiche ist wie die äußere Leere. Das ist die ganze Bedeutung der Technik.

Am Anfang ist das Jetzt in gewissem Sinn nicht vollkommen. Man könnte sogar sagen, die Meditation sei nicht vollkommen, sondern nur eine vom Menschen geschaffene Übung. Man sitzt und versucht, still zu sein, konzentriert sich auf den Atem und so fort. Nachdem man auf diese Weise begonnen hat, entdeckt man nach und nach etwas mehr. Die Mühe, die man zum Beispiel auf die Entdeckung des Jetzt verwandt hat, ist nicht vergeudet, wenn man auch zur gleichen Zeit einsieht, daß sie eher töricht war. Es ist die einzige Ausgangsbasis.

F.: Muß sich der Schüler von seinem Ego befreien, bevor er anfängt zu meditieren, oder kommt dies beim Üben von selbst?

A.: Es kommt von allein. Denn man kann nicht ohne Ich beginnen. Und im Grunde ist das Ich nichts Schlechtes. Gut und Böse gibt es in Wirklichkeit nirgends. Es ist nur ein Hinzugefügtes. Das Ego ist gewissermaßen etwas Falsches, muß aber nicht unbedingt etwas Böses sein. Du mußt mit dem Ich anfangen und es benutzen, dann trägt es sich nach und nach ab wie ein Paar Schuhe. Aber du mußt es einsetzen und gründlich abnutzen, damit es nicht bewahrt bleibt. Wenn du dagegen versuchst, das Ich beiseite zu schieben und fehlerlos anzufangen, dann kannst du vielleicht immer vollkommener werden, aber dies in einer einseitigen Weise. Die gleiche Menge an Unvollkommenheit baut sich auf der anderen Seite auf, ebenso wie intensives Licht intensive Dunkelheit schafft.

F.: Du erwähntest zwei Grundformen der Meditation: die Übung der verehrenden Hingabe oder den Versuch, mit etwas Höherem in Verbindung zu treten, und die andere, die nur Gewahrwerden dessen ist, was existiert. Die Übung der Verehrung spielt immer noch eine Rolle im Buddhismus. Dort gibt es andächtige Gesänge und so fort. Ich weiß aber nicht genau, wie dies zusammengeht.

Die beiden Formen scheinen verschieden zu sein. Können sie also wirklich verbunden werden?

A.: Ja – denn die Art der Verehrung im Buddhismus ist nur ein Vorgang des Sichöffnens, der Unterwerfung des Ich, ein Vorgang, in dem ein Gefäß geschaffen wird. Ich will nicht die andere Form der Verehrung verurteilen. Betrachtet man sie aber vom Gesichtspunkt eines Menschen aus, der diese Methode nicht richtig anzuwenden versteht, dann wird die Verehrung zu einem Verlangen nach eigener Befreiung. Man sieht, daß man sehr abgesondert, gefangen und unvollkommen ist. Man hält sich im Grunde für schlecht und versucht auszubrechen. Mit anderen Worten: Der unvollkommene Teil seiner selbst wird mit dem Ich identifiziert, alles Vollkommene aber mit einem äußeren Wesen. So bleibt nichts anderes übrig als der Versuch, die Gefangenschaft zu durchbrechen.

Diese Art der Verehrung ist Ausdruck eines überbetonten Ich-Bewußtseins, der negative Aspekt des Ego. Trotzdem gibt es zahllose verschiedene Übungen der Verehrung im Buddhismus und viele Berichte über die Hingabe an einen Guru oder die Möglichkeit, mit einem Guru verbunden zu sein und den geistigen Zustand des Erwachtseins durch Verehrung zu erlangen.

In diesen Fällen aber beginnt die Verehrung immer damit, daß das Ich nicht im Mittelpunkt steht. In allen Gesängen und Zeremonien zum Beispiel, in denen Symbole oder die Schau der Buddhas im Vordergrund stehen, gibt es zuerst, noch ehe irgendein Schaubild erschaffen wird, eine Meditation ohne Formen, die einen völlig offenen Raum schafft, und am Ende wird stets das sogenannte »Dreifache Rad« rezitiert: »Ich existiere nicht; das äußere Schaubild existiert nicht; der Akt der Schauung existiert nicht.« Dies will besagen, daß jedes Gefühl von Leistung in die Offenheit zurückgeworfen wird. So hat man nicht das Empfinden, irgend etwas zu sammeln. Ich halte dies für den wesentlichen Punkt. Man kann ein starkes Gefühl der Verehrung haben, aber dies ist eine gewisse abstrakte Form der Hingabe, die sich im Innern auf keinen Mittelpunkt konzentriert. Man identifiziert sich einfach mit dem Gefühl der Hingabe. Das ist alles. Vielleicht ist dies ein ungewohnter Begriff der Verehrung: Es gibt keinen Mittelpunkt, nur die Verehrung besteht. Andernfalls liegt in der Verehrung eine Forderung. Man erwartet, belohnt zu werden.

F.: Entsteht nicht eine große Angst, wenn wir zu diesem Grad der Offenheit und Unterwerfung kommen?

A.: Angst ist eine der Waffen des Ich. Sie schützt das Ego. Wenn man den Zustand erreicht, in dem man anfängt, die Torheit des Ich zu erkennen, hat man Angst, das Ich zu verlieren, und dies ist eine seiner letzten Waffen. Jenseits dieses Punktes besteht keine Angst mehr. Denn der Zweck der Angst ist, jemand zu erschrecken, und wenn dieser Grund nicht mehr da ist, dann verliert die Angst ihre Funktion. Du siehst, daß die Angst immerfort durch deine Reaktion erzeugt wird. Wenn aber niemand da ist, der auf die Angst, die Ichverlust bedeutet, reagiert, dann besteht sie nicht mehr.

F.: Du sprichst vom Ich als einem Gegenstand?

A.: In welchem Sinn?

F.: In dem Sinn, daß es Teil der äußeren Umwelt ist.

A.: Das Ego gleicht, wie ich schon sagte, einer Luftblase. Bis zu einem gewissen Grad ist es ein Gegenstand. Denn, obgleich es nicht wirklich existiert – es ist etwas Vorübergehendes –, erscheint es in der Wirklichkeit als ein Gegenstand. Dies ist eine andere Art von Selbstbewahrung, ein Versuch, das Ego zu schützen.

F.: Ist dies ein Aspekt des Ich?

A.: Ja.

F.: Dann kann man also das Ich nicht zerstören, sonst

würde man die Kraft der Erkenntnis und das Erkenntnisvermögen verlieren?

A.: Nein, nicht unbedingt. Da das Ich kein Verständnis besitzt, hat es überhaupt keine Einsicht. Das Ich besteht die ganze Zeit in einer falschen Weise und kann nur Verwirrung schaffen, während Einsicht Größeres ist.

F.: Willst du sagen, das Ich sei eine sekundäre Erscheinung und nicht eine primäre?

A.: Ja, ganz in dieser Art. In gewissem Sinn ist das Ego Weisheit, aber es kann ebenso unwissend sein. Wenn du deine Unwissenheit erkennst, beginnst du die Weisheit zu entdecken. Es ist die Weisheit an sich.

F.: Wie kann man selbst entscheiden, ob das Ich unwissend oder weise ist?

A.: Es ist nicht so sehr eine Frage der Entscheidung wie der rechten Sicht. Im Grunde gibt es keine feste Substanz, wenn wir auch von dem Ich als etwas Dauerhaftem sprechen, das verschiedene Aspekte hat. In Wirklichkeit lebt es in der Zeit als ein unaufhörlicher Schöpfungsprozeß. Es stirbt immerfort und wird immer wieder geboren. Darum existiert das Ego nicht wirklich. Es handelt dennoch in einer Art von Weisheit: Das Sterben des Ich ist Weisheit an sich. Das erste Formulieren des Ich ist Anfang der Unwissenheit an sich. So sind Weisheit und Ich in Wirklichkeit überhaupt nicht getrennt. Dies ist nicht leicht zu definieren, und man sollte besser keine klare Schwarzweiß-Vorstellung haben. Aber dies ist nicht eigentlich das Modell von Existenz. Es gibt überhaupt kein klar getrenntes Schwarz und Weiß. Alle Dinge sind voneinander abhängig. Dunkelheit ist ein Aspekt des Lichts und Licht ein Aspekt der Dunkelheit. So kann man nicht eine Seite verurteilen und alles auf der anderen aufbauen. Es ist dem einzelnen völlig überlassen, seinen eigenen Weg zu finden, und dies ist auch möglich.

Nehmen wir als Gleichnis einen Hund, der noch nie

geschwommen ist. Wird er plötzlich ins Wasser geworfen, dann kann er schwimmen. In ähnlicher Weise haben wir in uns eine Art von geistigem Instinkt, und wenn wir gewillt sind, uns zu öffnen, dann finden wir auf irgendeine Weise unmittelbar unseren Weg. Es ist nur die Frage des Sichöffnens. Dann braucht man überhaupt keine klar getrennten Definitionen mehr.

F.: Könntest du den Zweck der Meditation kurz umreißen?

A.: Nun, Meditation ist Umgang mit dem Zweck selbst. Meditation ist nicht für etwas da, sondern beschäftigt sich mit dem Ziel. Im allgemeinen befolgen wir bei allem, was wir tun, einen bestimmten Zweck. Etwas wird sich in der Zukunft ereignen; darum ist wichtig, was ich jetzt tue. Alles ist damit verbunden. Die Grundidee der Meditation ist das Entwickeln einer ganz anderen Art von Umgang mit den Dingen, bei denen du überhaupt keinen Zweck verfolgst. Die Meditation beschäftigt sich mit der Frage, ob es so etwas gibt wie eine Zweckbestimmung oder nicht. Und wenn man eine andere Verhaltensweise gegenüber der Situation lernt, dann braucht man nicht mehr einen Zweck zu verfolgen. Man ist nicht mehr auf dem Weg irgendwohin. Oder besser: Man ist auf dem Weg, und zugleich ist man am Ziel. Das ist die wahre Bedeutung der Meditation.

F.: Würdest du also sagen, Meditation sei ein Aufgehen in der Wirklichkeit?

A.: Ja, weil Wirklichkeit die ganze Zeit da ist. Wirklichkeit ist nicht ein gesondertes Gebilde. Es handelt sich darum, eins mit dieser Wirklichkeit zu werden oder in der Wirklichkeit zu sein, nicht eine Einheit zu *erlangen*, sondern mit ihr identisch zu sein. Man ist schon ein Teil dieser Wirklichkeit und braucht nur noch den Zweifel fortzuräumen. Dann entdeckt man, daß man die ganze Zeit da war.

F.: Wäre dies die Erkenntnis, daß das Sichtbare nicht die Wirklichkeit ist?

A.: Das Sichtbare? Kannst du das etwas besser umschreiben?

F.: Ich denke an William Blakes Theorie, daß der Beobachter mit dem Beobachteten verschmilzt und das Sichtbare überhaupt nicht die Wirklichkeit ist.

A.: Doch – sichtbare Dinge sind in diesem Sinn Wirklichkeit. Es gibt nichts jenseits vom Jetzt. Darum ist das, was wir sehen, Wirklichkeit. Unsere gewohnte Art, Dinge zu sehen, erfaßt sie nicht genauso, wie sie sind.

F.: Würdest du sagen, daß jeder ein Individuum ist und einen eigenen Weg finden muß?

A.: Ich meine, daß uns dies zu der Frage nach dem Ich zurückführt, die wir schon besprochen haben. Es gibt so etwas wie eine Persönlichkeit. Aber wir sind nicht wirkliche Individuen, abgesondert von der Umwelt oder getrennt von äußeren Erscheinungen. Darum ist eine andere Einstellung notwendig. Wären wir dagegen Individuen und hätten keine Verbindung mit den übrigen Dingen, dann brauchten wir keine andere Methode, die zur Einheit führt. Das Wesentliche ist, daß es den Anschein einer Individualität gibt, diese aber relativ ist. Wenn es Individualität gibt, dann muß es ebenso Einheit geben.

F.: Ist es dann die Individualität, die Einheit schafft? Könnten wir keine Einheit bilden, wenn wir nicht individuell sind?

A.: Gewiß, das Wort »individuell« ist etwas unklar. Zu Beginn wird die Individualität vielleicht überbetont, weil es verschiedene individuelle Aspekte gibt. Selbst wenn wir den Zustand der Verwirklichung erfahren haben, kann es noch ein Element der Barmherzigkeit, der Weisheit, der Energie und allerlei anderer Besonderheiten geben. Doch was wir als Individualität bezeichnen, ist noch etwas mehr als das. Wir neigen dazu, sie als ein Wesensmerkmal zu betrachten, dem viele Dinge aufgebürdet sind. Hierdurch versuchen wir, eine gewisse Sicherheit zu bekommen. Ist Weisheit vorhanden, sind wir bestrebt, alles auf sie abzuladen. Dadurch wird sie ein völlig gesondertes Gebilde, ein gesondertes Wesen. Das aber trifft nicht zu. Trotzdem gibt es individuelle Aspekte, individuelle Wesenszüge. So findet man im Hinduismus verschiedene Aspekte von Gott, verschiedene Gottheiten und Symbole. Wenn man mit der Wirklichkeit eins wird, dann ist diese Wirklichkeit nicht etwa ein einzelnes Ding, sondern man hat Ausblick von einem sehr weiten Winkel aus.

F.: Wenn ein Schüler geistig sehr aufnahmefähig ist und den Wunsch hat, sich mit der Natur zu vereinen, kann er dann lernen, wie er meditieren soll, oder muß er seine eigene Form entwickeln?

A.: Natur? Wie meinst du das?

F.: Wenn er studieren will, soll er dann die Lehren anderer annehmen, oder kann er diese in sich selbst entwickeln?

A.: Es ist notwendig, mündliche Unterweisungen und Lehren zu empfangen. Auch wenn der Schüler lernen muß, zuerst zu geben, bevor er etwas annehmen kann, muß er ebenso lernen, sich zu unterwerfen. Daneben erfährt er, daß die Absicht zu lernen sein Verständnis anregt. Auch dieses nimmt ihm die Möglichkeit, ein starkes Gefühl eigener Leistung aufzubauen, als könne er alles selbst tun und durch eigene Kraft erreichen.

F.: Dies ist doch ein hinreichender Grund, um Unterweisungen eines Lehrers zu empfangen. Doch ich denke an Ramana Maharshi, der ohne Lehrer die Verwirklichung erlangte. Er mußte doch keinen Guru suchen, nur um nicht überheblich zu werden?

A.: Nein, aber er ist eine Ausnahme. Es gibt einen Weg,

der im Bereich des Möglichen liegt. Und im Grunde kann niemand irgendeinem anderen etwas übermitteln oder mitteilen. Man muß es in sich selbst entdecken. In gewissen Fällen gibt es Menschen, die dies vermögen. Aber nur von sich aus etwas erreichen wollen, ist ein Wesenszug des Ich. Meinst du nicht? Man befindet sich leicht auf gefährlichem Grund. Denn dies könnte zu einer Aktivität des Ego werden, da schon die Vorstellung des Ich vorhanden ist. Man möchte dann auf dieser Seite mehr leisten. Ich bin der Ansicht – dies mag sehr einfach klingen, ist aber in Wirklichkeit alles –, daß man lernen muß, sich zu unterwerfen, und diese Hingabe des Ich ist etwas sehr Großes. Der Lehrer wirkt auch wie eine Art Spiegel:

Er gibt unser eigenes Spiegelbild wieder. Nun können wir zum erstenmal sehen, wie schön oder häßlich wir sind.

Vielleicht kann ich hier noch den einen oder anderen kleinen Punkt über Meditation anfügen, wenn wir auch den allgemeinen Hintergrund des Themas schon erörtert haben.

Im allgemeinen kann die Unterweisung zur Meditation nicht in einer Gruppe gegeben werden. Eine persönliche Beziehung zwischen Lehrer und Schüler muß vorhanden sein. Es gibt auch gewisse Unterschiede in jeder Grundmethode, wie etwa das Wahrnehmen des Atems. Vielleicht aber sollte ich kurz die grundsätzliche Art des Meditierens erwähnen. Und wenn du dann weiterkommen willst, vermagst du dies zweifellos und erhältst von einem Meditationslehrer neue Anweisungen.

Wie schon erwähnt, ist diese Meditation nicht bestrebt, Konzentration zu fördern. Wenn auch viele Bücher über den Buddhismus Übungen wie Samatha als Entwicklung der Konzentration bezeichnen, so halte ich diesen Begriff doch in gewisser Weise für irreführend. Man könnte annehmen, daß sich die Übung der Meditation geschäftlich ausnutzen läßt und man fähig wird, sich auf Gelderwerb oder ähnliches zu konzentrieren. Meditation aber ist nicht kommerziell zu verwerten. Hier liegt ein anderer Begriff von Konzentration vor.

Im allgemeinen kann man sich nicht wirklich konzentrieren. Wenn man dies sehr intensiv versucht, dann braucht man einen Gedanken, der sich auf das Thema konzentriert, und noch etwas, das die Sammlung beschleunigt. Es bestehen also zwei Vorgänge, und der zweite ist eine Art Wachtposten, der kontrolliert, daß man sich richtig konzentriert. Dieser Teil aber muß ausgeschaltet werden. Sonst wird man sich seiner selbst noch mehr bewußt und nimmt nur wahr, daß man sich konzentriert, befindet sich aber nicht tatsächlich in einem Zustand der Konzentration. Dies führt zu einem Teufelskreis. Darum kann man nicht Konzentration entwickeln, wenn man nicht zugleich die gesammelte Wachsamkeit, den Versuch, achtsam zu sein, ausschaltet – denn das ist das Ich. So betrifft die Übung des Samatha das Wahrnehmen des Atems, nicht die Konzentration auf den Atem.

Das Sitzen mit gekreuzten Beinen wird im Osten allgemein geübt. Wenn man diesen Sitz einnehmen kann, ist es von Vorteil. Dann kann man sich irgendwo hinsetzen und meditieren, selbst inmitten eines Feldes, und man wird sich nicht einmal des Sitzens bewußt oder der Aufgabe, einen Platz hierfür zu finden. Die körperliche Haltung hat auch eine Bedeutung. Wenn man sich zum Beispiel hinlegt, kann man leicht in Schlaf fallen. Wenn man steht, könnte man Lust haben zu gehen. Wem aber das Sitzen mit gekreuzten Beinen schwerfällt, der kann auch auf einem Stuhl sitzen. In der buddhistischen Ikonographie ist das Sitzen auf einem Stuhl als *Maitreya-Asana* bekannt. Das Wichtige ist, den Rücken gerade zu halten, damit die Atmung nicht bedrückt wird. Die Atmung selbst ist keine Angelegenheit der Konzentration, wie wir schon sagten, sondern man versucht, eins mit der Empfindung des Atems zu werden.

Zu Beginn bedarf es einer großen Anstrengung; nach einiger Zeit der Schulung aber konzentriert sich die Wachsamkeit auf die Atembewegung. Sie folgt der Atmung ganz natürlich, und man versucht nicht, das Bewußtsein zwangsläufig auf die Atmung zu richten. Man ist bestrebt, den Atem zu fühlen – Ausatmen, Einatmen, Ausatmen, Einatmen. Gewöhnlich ist die Ausatmung länger als die Einatmung. Dies hilft, den Raum und die Ausdehnung des Atems nach außen hin wahrzunehmen. Es ist auch sehr wichtig, daß man nicht feierlich auftritt mit dem Gefühl, an einem besonderen Ritual teilzunehmen. Man sollte ganz natürlich und unmittelbar sein und versuchen, mit dem Atem eins zu werden. Das ist alles. Es bedarf keiner Ideen oder Analysen. Sobald Gedanken aufsteigen, beobachte sie einfach als *Gedanken* und nicht als einen Gegenstand. Gewöhnlich sind wir beim Denken gar nicht gewahr, daß es sich überhaupt um Gedanken handelt. Nimm an, du planst deine nächste Ferienreise. Du bist so ausschließlich mit dem Gedanken beschäftigt, als wärst du schon auf der Reise. Dabei nimmst du nicht einmal wahr, daß dies nur Gedanken sind. Wenn man aber erkennt, daß es nur Gedanken sind, die ein solches Bild hervorbringen, dann fängt man an zu begreifen, daß es wenig Qualität der Wirklichkeit besitzt.

Man sollte nicht den Versuch machen, während der Meditation die Gedanken zu unterdrücken, sondern sich nur bemühen, deren vergängliche, durchlässige Natur zu erkennen. Man darf nicht in sie verwickelt werden, sie auch nicht zurückweisen, sondern sollte sie einfach zur Kenntnis nehmen und dann zur Wahrnehmung des Atems zurückkehren. Die Hauptsache ist, alles anzunehmen – und dies muß man üben –, um nicht in ein Fehlurteil oder in irgendeinen Kampf verwickelt zu werden. Das ist die grundlegende Methode der Meditation. Sie ist ganz einfach und unmittelbar. Es soll keine planmäßige Anstrengung gemacht werden, kein Versuch, zu kontrollieren oder ruhig zu sein. Deshalb ist der Atem notwendig. Es ist leicht, das Atmen zu spüren. Man muß nicht seiner selbst bewußt sein oder versuchen, irgend etwas zu tun. Das Atmen ist einfach vorhanden, und das sollte man fühlen. Das ist der Grund, warum man am Anfang methodisch vorgehen muß. Es ist die ursprüngliche Ausgangsbasis. Im allgemeinen aber geht es weiter, und es entwickelt sich eine eigene Methode. Manchmal entdeckt man, daß man ganz spontan den Ausgangspunkt ein wenig verändert. Dies kann man weder eine fortgeschrittene Methode noch die eines Anfängers nennen. Sie wächst einfach und entwickelt sich allmählich.

Weisheit

Prajna: Weisheit. Das im Tibetischen benutzte Wort »*Sherab*« hat eine ganz bestimmte Bedeutung. »She« heißt Kenntnis, kennen; »Rab« bedeutet grundlegend, also primäre oder erste Kenntnis, höhere Kenntnis. Sherab ist nicht eine besondere Kenntnis in irgendeinem technischen oder erzieherischen Sinn, etwa die Kenntnis der buddhistischen Theologie oder das Wissen, wie man gewisse Dinge tut, oder auch die Kenntnis des metaphysischen Aspekts der Lehre. Hier bedeutet Wissen das Erkennen der Situation, *Einsicht* eher als tatsächliches Wissen. Es ist Wissen ohne ein Selbst, ohne das ichzentrierte Bewußtsein, daß man etwas weiß, was mit dem Ego verbunden ist. Dieses Wissen – Prajna oder Sherab – ist umfassend, weit vorausschauend und zugleich äußerst eindringlich und genau. Es erfaßt jeden Aspekt unseres Lebens. Deshalb spielt es eine sehr wichtige Rolle in unserer Entwicklung, ebenso wie *Upaya*, die Fähigkeit, mit einer Situation in richtiger Weise umzugehen. Diese beiden Fähigkeiten werden manchmal mit den beiden Flügeln eines Vogels verglichen.

In den Schriften wird Upaya auch mit einer geschickten Hand verglichen und Prajna mit einer Axt, weil es scharf und durchdringend ist. Ohne Axt kann man kein Holz spalten, man würde nur die Hand verletzen. So kann man die fähigsten Mittel besitzen und doch nicht imstande sein, sie einzusetzen. Ist dagegen auch Prajna vorhanden, das einem Auge oder dem Licht gleicht, dann vermag man richtig und geschickt zu handeln. Im andern Fall können die tüchtigsten Fähigkeiten töricht werden, da nur die Einsicht weise macht. Tatsächlich könnte Upaya allein den größten aller Toren hervorbringen, weil alles noch auf dem Ego gründet. Man mag die Situation bis zu einem Punkt durchschauen und zum Teil imstande sein, mit ihr umzugehen. Aber diese Erkenntnis wäre nicht eindeutig und stände unter dem Einfluß von Vergangenheit und Zukunft. Man verfehlt das unmittelbare Jetzt der Situation. Vielleicht sollten wir untersuchen, wie man diese Einsicht oder Sherab entwickelt, bevor wir in weitere Einzelheiten gehen. Drei Methoden sind notwendig für die Heranbildung von Sherab. Diese sind im Tibetischen als *Töpa, Sampa* und *Gompa* bekannt. Töpa bedeutet einen Gegenstand erforschen, Sampa, ihn betrachten, und Gompa, darüber meditieren und hierdurch Samadhi erlangen. Zuerst ist also Töpa notwendig, das Studium, das im allgemeinen mit technischem Wissen und dem Verständnis der Schriften usw. verbunden ist. Wahres Wissen geht aber noch viel weiter, wie wir sahen. Grundbedingung für Töpa ist die Entwicklung einer Art von Tapferkeit, durch die man ein großer Kämpfer wird.

Wir haben diesen Gedanken schon zuvor erwähnt. Vielleicht aber ist es gut, noch auf Einzelheiten einzugehen. Wenn der wahre Kämpfer in die Schlacht zieht, gibt er sich nicht mit seiner Vergangenheit und mit der Erinnerung an seine frühere Größe und Kraft ab, noch beschäftigen ihn die Folgen, die die Zukunft bringt, noch Gedanken des Sieges oder der Niederlage, der Schmerzen und des Todes. Der überlegene Kämpfer kennt sich selbst und hat großes Selbstvertrauen. Er ist sich seines Gegners bewußt, ganz offen und völlig gewahr der Situation, ohne daß er in Begriffen von Gut und Böse denkt. Daß er keine Meinungen hat und nur wachsam ist, macht ihn zum großen Kämpfer. Dagegen sind seine Feinde gefühlsmäßig in die Situation verflochten und vermögen ihm nicht standzuhalten, weil er wahrhaftig handelt und über ihre Furcht hinweggeht. So vermag er den Gegner erfolgreich anzugreifen.

Töpa, Studium und Verständnis, verlangen die Fähigkeit eines großen Kämpfers.

Man sollte versuchen, theoretisches Wissen zu erwerben, ohne sich um Vergangenheit oder Zukunft zu kümmern. Zuerst können die eigenen Theorien durch Lesen von Büchern angeregt werden. Deshalb dürfen wir nicht ganz auf Lernen und Studieren verzichten. Dies mag sehr wichtig sein und eine Quelle der Inspiration. Doch können Bücher auch Hilfsmittel werden, um der Wirklichkeit zu entfliehen, eine Ausrede dafür, daß man nicht ernsthaft versucht, die Dinge selbst in ihren Einzelheiten zu prüfen. Lesen kann dem Essen gleichen. Bis zu einem gewissen Grad ißt man aus körperlichem Bedürfnis. Darüber hinaus aber tut man es aus reinem Genuß, weil man den Geschmack der Nahrung liebt, vielleicht auch nur, um die Zeit auszufüllen. Es ist entweder Zeit für Frühstück, Mittagessen, Nachmittagstee oder Abendessen. Wenn wir Sherab ausbilden, ist es klar, daß wir nicht nur lesen, um Informationen aufzuhäufen. Wir sollten mit großer Offenheit lesen, ohne Urteile abzugeben, einfach, um das Gelesene aufzunehmen.

Manchmal drängt sich der Vergleich mit einem Kind in einem Spielwarenladen auf. Es ist so beschäftigt mit allen Spielzeugen, daß es eins mit ihnen wird und letztlich große Schwierigkeiten hat zu entscheiden, was es nun kaufen soll. Es verliert sogar die Vorstellung, eine eigene Meinung zu haben, wie: »Ich möchte dies kaufen. Ich möchte jenes nicht haben.« Es wird so sehr eins mit allem, daß es sich wirklich nicht entscheiden kann. Ähnlich sollte das Lernen sein. Man nimmt etwas einfach ohne Beurteilung (»ich mag dies oder jenes nicht«) an, nicht weil es in den Schriften steht oder weil es ein Lehrer sagt, der eine Autorität ist, oder weil man kein Recht hat, Kritik zu üben, sondern aus reinem Offensein, ohne jegliche Hemmung. Lies also, studiere und entwickle daraus eine Art Inspiration. Du kannst eine große Menge aus den verschiedensten Büchern herausholen, aber es gibt eine Grenze, und wenn du eine gewisse Inspiration und wenn du Selbstvertrauen entwickelt hast, dann solltest du mit Lesen aufhören.

Das ist die erste Stufe von Töpa, auf der man eine Theorie aufbaut. Oft geschieht es, daß an einem bestimmten Punkt diese Theorie sich fast in Erfahrung verkleidet, so daß man das Gefühl hat, man sei in einem Zustand geistiger Ekstase oder Erleuchtung. Man ist sehr erregt und vielleicht der Meinung, die Wirklichkeit selbst gesehen zu haben. Man kann sogar so fortgerissen sein, daß man beginnt, große Abhandlungen darüber zu schreiben. Man muß aber in diesem Zustand sehr vorsichtig sein und vermeiden, zu viel Betonung auf die Meinung zu legen, man habe eine wunderbare neue Entdeckung gemacht. Das Erregende sollte nicht zu wichtig genommen werden. Hauptsache ist, wie man sein Wissen umsetzen kann. Sonst gleicht man einem armen Bettler, der einen Sack mit Gold gefunden hat: Er ist voller Erregung über diesen Fund, weil in seinem Bewußtsein Gold etwas mit Essen zu tun hat. Aber er hat keine Ahnung, wie er das Gold umsetzen kann und dafür Nahrung bekommt. Mit dieser Seite des Verkaufens und Kaufens hat er sich zuvor nicht beschäftigt. So wird es zu einem Problem.

In ähnlicher Weise sollte man durch die eigene Entdekkung nicht übermäßig erregt sein. Man muß sich zurücknehmen, auch wenn diese Entdeckung aufregender ist als die Erfahrung des Zustands der Buddhaschaft. Die Schwierigkeit ist, daß man diesem Wissen einen so hohen Wert beimißt. Durch die zu starke Erregung wird man daran gehindert, die dualistische Betrachtungsweise einer Situation zu überschreiten. Man mißt der eigenen Leistung große Wichtigkeit bei, mit dem Ergebnis, daß diese Erregung im Ich, im Ego, verwurzelt bleibt. Deshalb muß man geschickt vorgehen und Sherab, Weisheit, anwenden, um Herr der Situation zu sein. Das Gefundene sollte sofort in ein Ergebnis ungesetzt werden. Es darf nicht eine Art Werkzeug sein, mit dem man sich vor anderen Leuten brüstet. Ebensowenig darf man sich ihm ganz überlassen; man sollte es nur benutzen, wenn es notwendig ist.

Natürlich ist dieses theoretische Wissen sehr interessant. Man kann soviel darüber reden und eine Menge Worte gebrauchen; es macht auch großes Vergnügen, mit anderen darüber zu sprechen. Man kann Stunden um Stunden mit Reden und Argumentieren verbringen und versuchen, die eigenen Theorie darzustellen und ihre Gültigkeit zu beweisen. Man entwickelt sogar eine Art von Missionseifer und versucht, andere zu der eigenen Erfahrung zu bekehren, weil man von ihr berauscht ist.

Aber das ist alles noch Theorie. Von ihr gehen wir zu *Sampa* über, zur besinnlichen Meditation oder Kontemplation, dem Betrachten eines Gegenstandes. Sampa ist nicht Meditation im Sinn von Aufmerksamkeit und ähnlichem, sondern das Meditieren über einen Gegenstand und seine rechte Verarbeitung. Mit anderen Worten: Was man gelernt hat, ist noch nicht genügend entwickelt, um mit den praktischen Dingen des Lebens umgehen zu können. Nehmen wir zum Beispiel an, wir sprechen über unsere große Entdeckung, und plötzlich ereignet sich ein Mißgeschick. Dies kann etwas ganz Gewöhnliches sein wie das Überkochen der Milch. Und dennoch erscheint es in gewisser Beziehung erregend und schrecklich. Der Übergang vom Erörtern der Erfahrung und dem Aufpassen auf die Milch ist zu groß. Das eine ist erhaben, das andere gewöhnlich und weltlich, so daß es sehr schwer erscheint, auf solch niederer Ebene sein Wissen in die Tat umzusetzen. Der Kontrast ist zu stark. Deshalb regt man sich auf, schaltet um und kehrt auf die gewöhnliche Ebene des Ich zurück.

In einer solchen Situation reißt ein großer Spalt zwichen beiden Ebenen auf. Wir müssen aber lernen, diesen zu überbrücken, auf irgendeine Weise die Beziehung zu dem täglichen Leben herzustellen und unsere Tätigkeiten mit dem in Verbindung zu bringen, was wir durch Weisheit und theoretische Kenntnis gelernt haben. Natürlich steht unser Wissen weit über den gewöhnlichen Theorien, die man vielleicht auf mathematischem Weg herausgefunden hat, um einen passenden Lehrsatz aufzustellen. Man ist erfaßt worden und hat ein starkes Gefühl hineingelegt. Dennoch ist dies nur Theorie, und deshalb hält man die Umsetzung für schwierig. Wenn du nur über die Erfahrung nachdenkst, erscheint sie wahrhaftig und hat etwas zu sagen. Aber sie läuft Gefahr, statisch zu bleiben. Darum ist Sampa, die besinnliche Meditation, notwendig. Man muß sich nach der anfänglichen Erregung über das Entdeckte beruhigen und einen Weg finden, um das neu gefundene Wissen auf einer praktischen Ebene in Beziehung zu sich selbst zu bringen.

Nimm zum Beispiel an, du säßest zu Hause mit deiner Familie beim Teetrinken. Alles ist wie gewöhnlich, und du fühlst dich recht wohl und zufrieden. Wie kannst du nun deine erregende Entdeckung übersinnlichen Wissens mit dieser Situation in Verbindung bringen, mit dem Empfinden dieses besonderen Augenblicks? Wie kann man in einer solchen Umgebung Sherab anwenden?

Im allgemeinen verbindet man »Weisheit« mit einer besonderen Tätigkeit und lehnt die augenblickliche Situation ab. Man denkt etwa: »Was ich bisher getan habe, ist nicht das *Wirkliche*. Ich muß also mein Zuhause verlassen und an einen anderen Ort gehen. Ich muß mein Wissen in der Abgeschiedenheit von Schottland – in einem tibetischen Kloster – üben und verarbeiten.« Aber hier stimmt etwas nicht ganz. Denn früher oder später mußt du an den allen vertrauten Ort und zu den gleichen gewohnten Menschen zurückkehren, und das tägliche Leben geht weiter und weiter.

Man kann ihm niemals entfliehen. Man soll also nicht versuchen, die Situation zu verändern, denn man kann dies in Wirklichkeit gar nicht. Da du kein König bist, der einfach einen Befehl gibt, um den Lauf der Dinge anzuhalten, kannst du dich nur mit dem beschäftigen, was dir am nächsten liegt – mit dir selbst. Dennoch hast du noch ein gewisses Maß an vermeintlicher Freiheit, um Entscheidungen zu treffen, und du kannst dich zum Fortgehen entschließen. In Wirklichkeit aber ist dies nur ein anderer Weg, um den Gang der Welt aufzuhalten, wenn auch alles naturgemäß von deiner Haltung abhängt.

Es ist gut, wenn man nur daran denkt, mehr zu lernen, und seine Umwelt nicht ablehnt. Die Schwierigkeit entsteht dadurch, daß man nach einem besonderen Ereignis, das die Gegebenheiten unwirklich und unerfreulich erscheinen ließ, fortgehen will und meint, man würde alles deutlicher erkennen, wenn man sich nur in einer bestimmten Umgebung oder Lage befände. Das aber ist nur ein Verschieben der Dinge auf morgen und völlig falsch.

Natürlich besagt das nicht, daß man überhaupt zu keinem Meditationszentrum gehen und dort lernen oder sich eine Zeitlang zurückziehen sollte. Aber man soll jeden Fluchtversuch vermeiden. Wenn man sich auch an einem bestimmten Ort besser öffnen kann, bedeutet dies nicht, daß die äußere Situation allein die Verwandlung und Entwicklung bewirkt.

Man sollte nicht die Umgebung, nicht die Menschen und nicht äußere Bedingungen verantwortlich machen, sondern einfach hineingehen, versuchen zu beobachten und nichts ändern wollen. Das ist wahres Sampa, wirkliche Kontemplation oder Schau eines Gegenstandes. Und wenn man imstande ist, die romantische und emotionale Einstellung zu überwinden, dann entdeckt man die Wahrheit selbst am Spültisch in der Küche. Es geht also darum, den Augenblick nicht abzulehnen, sondern in jeder Lage auszunutzen, ihn anzunehmen und ihm Achtung zu zollen.

Wenn du derart offen sein kannst, dann wirst du auf jeden Fall etwas lernen – dies kann ich mit Sicherheit verbürgen. Nicht weil ich eine große Autorität bin, sondern weil es eine Tatsache ist. Sie ist viele Jahrtausende geprüft und von allen großen Meistern der Vergangenheit geübt und bezeugt worden. Es ist etwas, das nicht nur Buddha allein erreicht hat, es besteht vielmehr eine große Tradition bedeutender Lehrer, die ihn untersucht, studiert und geprüft haben. Ebenso wie durch einen langen Prozeß des Stampfens, Hämmerns und Einschmelzens reines Gold gewonnen wird.

Dennoch genügt es nicht, dieses auf die Autorität eines anderen hin zu tun. Man muß sich einfügen, es selbst beobachten und dann in die Praxis umsetzen. Zu Beginn sollte über Prajna meditiert werden. Dies ist sehr wichtig, denn allein Prajna kann uns von der Ichzentriertheit, vom Ego befreien. Lehren ohne Prajna sind noch Bindungen, da sie die Welt des Samsara durch Worte der Verwirrung bereichern. Man kann sogar Meditation üben, die heiligen Schriften lesen oder an Zeremonien teilnehmen; doch ohne Prajna gibt es keine Befreiung. Ohne Prajna ist man nicht fähig, die Situation klar zu erkennen. Dies bedeutet, daß man ohne Prajna von einem falschen Punkt ausgeht. Man beginnt mit dem Gedanken: »Ich möchte gern dieses oder jenes erreichen, und wenn ich das einmal gelernt habe, werde ich glücklich sein.« In diesem Zustand bedeutet Prajna *kritische Einsicht*, das Gegenteil der Unwissenheit, des Nicht-Erkennens der wahren Natur. Die Unwissenheit wird häufig symbolisch als Schwein dargestellt, weil dieses niemals seinen Kopf umwendet, sondern weiter schnüffelt und alles frißt, was man ihm hinwirft. Prajna hilft uns, nicht einfach alles aufzunehmen, was uns vorgesetzt wird, sondern es mit kritischer Einsicht zu betrachten.

Nunmehr kommen wir zu *Gompa*, der Meditation. Zuerst hatten wir die Lehre, dann die Kontemplation betrachtet; nun beschäftigt uns die Meditation im Sinn von Samadhi. Die erste Stufe von Gompa ist die Frage an uns: »Wer bin ich«, wenn dies auch im eigentlichen Sinn keine Frage ist, sondern eine Feststellung. Denn die Frage: »Wer bin ich« enthält schon die Antwort in sich. Man muß nicht vom Ich ausgehen und dann etwas erreichen wollen, sondern muß den Gegenstand unmittelbar zum Ausgangspunkt nehmen. Mit anderen Worten: Man beginnt die wirkliche Meditation, ohne irgend etwas bezwecken zu wollen, ohne den Gedanken: »*Ich* will etwas erreichen.« Da man nicht weiß, wer man ist, kann man überhaupt nicht das Ich zum Ausgangspunkt nehmen, sondern muß jenseits dieses Punktes beginnen, also ganz einfach mit dem Gegenstand, mit dem, was *ist* und was in Wirklichkeit nicht »ich bin« ist. So geht man unmittelbar über zum »ist«.

Dies mag ein bißchen unklar und geheimnisvoll klingen, weil diese Begriffe so oft und von so vielen Menschen benutzt werden. Wir müssen deshalb versuchen, sie auf uns selbst zu beziehen und zu klären. Die Hauptsache ist, nicht in Ichvorstellungen zu denken: »Ich will etwas erlangen.« Da niemand da ist, der etwas zustande bringen könnte und wir das noch nicht einmal begriffen haben, sollten wir nicht versuchen, irgend etwas für die Zukunft vorzubereiten.

Es gibt eine tibetische Geschichte von einem Dieb, der ein großer Tor war. Er stahl eines Tages einen vollen Sack Gerste und war sehr zufrieden mit sich. Er hängte den Sack an der Zimmerdecke über seinem Bett auf und meinte, daß er dort am sichersten vor Ratten und anderen Tieren geschützt wäre. Eine Ratte aber war geschickt genug, um den Weg zum Sack zu finden. Inzwischen dachte der Dieb: »Jetzt werde ich die Gerste jemandem verkaufen, vielleicht meinem Zimmer-Nachbarn, und dafür Silbermünzen bekommen. Für diese könnte ich etwas anderes kaufen, was ich später mit Verdienst weiterverkaufe. Wenn ich so fortfahre, werde ich bald reich sein, mich verheiraten, ein eigenes Haus besitzen und einen Sohn bekommen haben! Wie werde ich ihn wohl nennen?« In diesem Augenblick ging der Mond auf, und er sah, wie der Mondschein durch das Fenster auf sein Bett fiel. Da dachte er: »Ich werde ihn Dawa (das tibetische Wort für Mond) nennen.« Gerade in diesem Augenblick hatte die Ratte den Strick, an dem der Sack hing, zernagt. Dieser fiel auf den Dieb und tötete ihn.

In ähnlicher Weise sollten wir, da wir keinen Sohn haben und nicht einmal wissen, wer wir sind, nicht die Einzelheiten solcher Phantasien erforschen. Wir sollten nicht beginnen, irgendeine Art von Belohnung zu erwarten oder irgend etwas erreichen zu wollen. Vielleicht überkommt uns dabei der Gedanke: »Wenn es kein bestimmtes Ziel und nichts zu erreichen gibt, wird es dann nicht langweilig sein, als wäre man nirgendwo?« Das ist die ganze Frage.

Im allgemeinen vollbringen wir Dinge, weil wir etwas erreichen wollen. Wir handeln niemals, ohne zuvor an das »weil« zu denken. Ich gehe auf Urlaub, *weil* ich mich erholen will. Ich brauche Ruhe. Ich tue dies oder jenes, *weil* ich meine, es sei interessant. So ist jede Handlung, jeder Schritt, den wir tun, vom Ego bedingt, von der trugvollen Vorstellung eines Ichs, nach dem man überhaupt noch nicht gefragt hat. Alles ist um dieses aufgebaut und beginnt mit: *weil*, und das ist alles.

Zweckfreies Meditieren mag langweilig erscheinen. Tatsache aber ist, daß wir nicht genügend Mut besitzen, um uns darauf einzulassen und es einmal zu versuchen. Wir müssen in gewissem Sinn mutig sein. Wenn man Interesse und Verlangen hat weiterzukommen, dann wäre das Beste, dies in vollkommener Weise zu tun und nicht mit zu vielen Themen zu beginnen, sondern nur mit einer einzigen Sache und diese wirklich zu ergründen. Dies mag nicht verlockend sein und nicht die ganze Zeit über unsere Aufmerksamkeit fesseln; aber Erregung ist nicht das einzige, was zu gewinnen ist. Man sollte auch Geduld entwickeln und gewillt sein, etwas zu wagen. In diesem Sinn wird auch Willenskraft einzusetzen sein.

Man muß vorwärtsgehen ohne Angst vor dem Unbekannten. Und wenn man ein wenig vorankommt, dann erscheint es möglich, den Gedanken »weil« aufzugeben und nicht zu überlegen: »Ich will etwas erreichen.« Dann wird man nicht in der Zukunft leben und diese mit Phantasien umgeben, die als Impuls und Quelle der Ermutigung dienen, sondern versuchen, das richtige Gefühl für den gegenwärtigen Augenblick zu bekommen. Dies will sagen, daß Meditation nur wirksam sein kann, wenn ihr keine unserer Methoden, eine Situation zu bewältigen, zugrunde liegt.

Meditation sollte ohne Erwartung geübt werden, ohne Urteil und ohne jede Beschäftigung mit Zukunftsgedanken. Überlaß dich ihr, ohne nach rückwärts zu blicken. Beginne mit der Methode, ohne weitere Gedanken. Methoden sind natürlich sehr verschieden, da alles von dem persönlichen Charakter abhängt. Deshalb kann keine Verallgemeinerung angeboten werden.

Auf diese Weise also kann Weisheit, Sherab, entwikkelt werden. Weisheit schaut in die Weite und durchdringt die Tiefe. Sie blickt vor die Vergangenheit und über die Zukunft hinaus. Mit anderen Worten: Weisheit beginnt, ohne irgendwelche Fehler zu machen, weil sie die Situation ganz deutlich erkennt. Wir müssen deshalb zuerst einmal anfangen, mit Situationen umzugehen, ohne den verblendenden Fehler zu machen, mit dem Ich zu beginnen, das nicht einmal existiert. Wenn wir diesen Schritt getan haben, werden wir tiefere Einsichten gewinnen und neue Entdeckungen machen, weil wir zum erstenmal eine Art neuer Dimension erfassen. Wir erkennen, daß wir tatsächlich zu eben der Zeit, da wir den Pfad weitergehen, am Endziel angekommen sind. Dies kann aber nur geschehen, wenn kein *Ich* am Anfang steht und keine Erwartung vorhanden ist.

Die ganze Übung der Meditation baut auf diesem Verhalten auf. Und dies läßt deutlich erkennen, daß die Meditation nicht ein Versuch ist, dem Leben zu entfliehen, daß sie keinen utopischen geistigen Zustand erreichen will und auch keine geistige Gymnastik ist. Meditation versucht nur das zu sehen, was *ist*, und daran ist nichts Geheimnisvolles. Man sollte deshalb ganz einfach alles auf das unmittelbare gegenwärtige Tun hin vereinfachen, auf das, was man ohne Erwartungen, Urteile, unmittelbare Meinungen tut. Man sollte auch nicht die Vorstellung haben, als sei man in einen Kampf gegen »Böses« verwickelt oder als kämpfe man auf der Seite des »Guten«.

Dennoch darf man sich nicht im Denken begrenzt fühlen, als sei es nicht erlaubt, Gedanken zu haben oder auch nur an das Ich zu denken. Denn dies wäre Beschränkung auf einen so kleinen Raum, daß dazu eine äußerste Form von Disziplin, Sila, gefordert würde.

Grundsätzlich gibt es zwei Stufen der Meditationsübung. Die erste fordert Ichzucht, um den Ausgangspunkt der Meditation zu finden. Hierbei werden bestimmte Techniken, wie das Beobachten des Atems, angewendet. Auf der zweiten Stufe überschreitet man die Atem- oder jede andere Technik und erkennt hinter ihnen die Wirklichkeit. Mit Hilfe der Technik erlangt man den Zugang zur eigentlichen Wirklichkeit, eine Art Gefühl der Einswerdung mit dem gegenwärtigen Augenblick.

Dies mag ein wenig unklar klingen. Meiner Meinung nach aber sollte man es so lassen. Denn die Einzelheiten der Meditation sind nicht zu verallgemeinern. Da die Methoden von den persönlichen Bedürfnissen abhängen, können sie nur mit dem einzelnen erörtert werden. Man kann nicht eine Gruppe in Meditationsübungen einweisen.